O Caminho de um Peregrino

O Caminho de um Peregrino

Comentado e Interpretado

Organização e Notas de
Gleb Pokrovsky

Tradução de
MARCELO BRANDÃO CIPOLLA

EDITORA PENSAMENTO
São Paulo

Título do original: *The Way of a Pilgrim*.

Copyright © 2001 SkyLight Paths Publishing.

Publicado originalmente em inglês por Skylight Paths Publishing, Woodstock, Vermont, EUA.

Todos os direitos reservados. Nenhuma parte deste livro pode ser reproduzida ou usada de qualquer forma ou por qualquer meio, eletrônico ou mecânico, inclusive fotocópias, gravações ou sistema de armazenamento em banco de dados, sem permissão por escrito, exceto nos casos de trechos curtos citados em resenhas críticas ou artigos de revistas.

As citações das páginas 56 e 64 são da *The Philokalia: The Complete Text*, vol. 1, traduzido por G.E.H. Palmer, Philip Sherrard e Kallistos Ware, tradução © 1979 The Eling Trust, é usado com a permissão da Faber & Faber Ltd. e da Faber and Faber, Inc., filial da Farrar, Straus and Giroux, LLC.

O primeiro número à esquerda indica a edição, ou reedição, desta obra. A primeira dezena à direita indica o ano em que esta edição, ou reedição, foi publicada.

Edição	Ano
1-2-3-4-5-6-7-8-9-10	03-04-05-06-07-08-09-10

Direitos de tradução para a língua portuguesa
adquiridos com exclusividade pela
EDITORA PENSAMENTO-CULTRIX LTDA.
Rua Dr. Mário Vicente, 368 — 04270-000 — São Paulo, SP
Fone: 272-1399 — Fax: 272-4770
E-mail: pensamento@cultrix.com.br
http://www.pensamento-cultrix.com.br
que se reserva a propriedade literária desta tradução.

Impresso em nossas oficinas gráficas.

Sumário ▪

Prefácio 7

Introdução 15

Primeira Narrativa 19
Começa a jornada ▪ O peregrino encontra seu stárets ▪ O aprendizado da oração de Jesus ▪ A sabedoria da *Filocalia* ▪ Um verão de oração ▪ A morte do stárets

Segunda Narrativa 47
A jornada do peregrino continua ▪ A oração toma conta do seu ser ▪ Encontro com o guarda-florestal ▪ Um sonho com o stárets ▪ Trabalha como vigia de igreja ▪ A jovem dos Velhos Crentes ▪ O peregrino em Irkutsk

Terceira Narrativa 81
A história do peregrino

Quarta Narrativa 91
Planos para a peregrinação a Jerusalém ▪ Na casa de uma família piedosa ▪ O cego companheiro de viagens ▪ Um acidente e suas inesperadas conseqüências ▪ Partida para a Terra Santa

Glossário 137

Sugestões de Leitura 141

Prefácio ▪

Andrew Harvey

Há livros que se tornam tão importantes para nós que nunca nos esquecemos da primeira vez em que os lemos. Já se vão mais de vinte anos desde que li pela primeira vez *O Caminho de um Peregrino*. Eu era então professor universitário, *fellow* de uma faculdade de Oxford; acabara de voltar à Inglaterra depois de uma estada de um ano na Índia, que mudara a minha vida, pois lá, mediante uma série de experiências que eu não compreendia, mas que também não podia negar, eu tomara consciência pela primeira vez da realidade mística. Voltei a Oxford convencido de que a verdade espiritual só poderia ser encontrada na Índia e nas tradições espirituais orientais, e que o Cristianismo estava "acabado" e "extinto".

A primeira pessoa que tentei convencer da minha nova opinião foi a minha melhor amiga, Anne Pennington, professora de língua eslavônia e ortodoxa russa devota. Anne ouviu pacientemente os arrebatados relatos da minha viagem à Índia, mas me interrompeu quando comecei a menosprezar todos os caminhos religiosos ocidentais. Disse: "Como você pode julgar toda a tradição mística cristã pela realidade da igreja contemporânea? É o mesmo que julgar toda a tradição da música clássica pelos delírios dissonantes do último 'compositor' que aparece. Quando você estiver mais calmo e mais aberto, vou lhe emprestar um livro que vai mudar a sua cabeça, e talvez não só a cabeça, mas também algo mais..."

O livro que ela me emprestou foi o seu próprio exemplar de *O Caminho de um Peregrino*, já bem manuseado e cheio de anotações feitas por ela, junto com fotocópias das suas citações prediletas sobre a oração do

8 O Caminho de um Peregrino

coração, tiradas da *Filocalia*, a famosa antologia de textos cristãos ortodoxos sobre a vida espiritual. Lembro-me que estávamos num luminoso mês de setembro, no fim do verão; levei o livro e as citações para um parque junto ao rio, sentei-me e não me levantei antes de terminar de lê-los, perplexo e humilhado pelo que havia descoberto. Na Índia, eu tomara contato pela primeira vez com a prática de *japa* — a repetição do nome de Deus no coração —, e percebi então que, na oração de Jesus, "Senhor Jesus Cristo, tem misericórdia de mim", a tradição cristã ortodoxa havia descoberto da mesma maneira o poder simples mas intenso do Nome Divino, que transforma todas as coisas. Os êxtases e revelações do anônimo narrador de *O Caminho de um Peregrino* não eram nem menos profundos nem menos tocantes do que os que me haviam abalado tão profundamente em Mirabai, Kabir e Toukaram, os grandes místicos hindus e muçulmanos cuja descoberta mudara a minha vida. E na longa série de citações da *Filocalia* — de personagens como São Simeão, o Novo Teólogo, Santo Isaac, o Sírio, e São Gregório Palamas, que então me eram totalmente desconhecidos —, reconheci o mesmo sabor puro e sóbrio da certeza e do rigor místicos que me havia tocado no *Bhagavad Gita* e nos Upanishads. Uma semana depois, ao jantar, Anne e eu conversamos sobre a prática da oração de Jesus. Quando lhe perguntei o que a oração significava para ela, ela mergulhou num longo silêncio e depois disse bem baixinho: "Tudo." Dois anos depois, quando ela, ainda com quarenta e poucos anos, estava morrendo de câncer, perguntei-lhe o que dava sustento à sua fé e à sua coragem. "A oração de Jesus", respondeu-me. "Ela me dá tudo o que preciso." Depois da sua morte, tive um sonho em que a vi de pé, transfigurada por uma luz divina, ao lado de uma estátua do Cristo ressuscitado. Ela estava olhando para mim com imensa ternura e um leve sorriso nos lábios, como se me dissesse: "E agora, será que você já compreende o quanto pode ser poderosa a oração do coração?" Na mão direita, ela segurava o exemplar de *O Caminho de um Peregrino* que havia me emprestado.

Embora eu tenha levado mais dez anos para começar a praticar a sério a oração de Jesus, posso agora dizer, com gratidão e maravilhamento, que estou começando a conhecer por experiência o que Anne estava tão ansiosa para me mostrar. Há muitas maneiras de ler esse livro profundo e luminoso, uma das obras-primas da literatura religiosa

Prefácio   9

universal. Seja qual for o seu caminho, você pode deliciar-se com esta história de aventuras espirituais, com este relato de um homem que busca conhecer o significado da oração e da verdade mística e o encontra numa jornada repleta de detalhes pitorescos, de visões e daquelas curiosas reviravoltas do destino que marcam a vida de todo aspirante sincero. Os que praticam alguma forma de mística podem ler *O Caminho de um Peregrino* como uma apresentação sábia e inteligente da teoria e da prática da oração de Jesus; podem aproveitar suas instruções e conselhos precisos, regalando-se com a sutileza do modo pelo qual o livro nos franqueia o acesso aos tesouros da tradição cristã ortodoxa. Já conheci hindus que, pela leitura desse livro, sentiram-se inspirados a retomar as próprias práticas, e budistas que encontraram em suas páginas a confirmação das suas próprias experiências de meditação. Mesmo que você não tenha religião alguma, pode ler *O Caminho de um Peregrino* como uma recordação luxuriante e luminosa da Rússia de meados do século XIX, com seus povoados e estradas de terra, suas estepes nevadas e grandes florestas virgens, com aquela profunda atmosfera de paixão religiosa que impregna a literatura russa desde as suas origens, passando pelos romances de Tolstoy e Dostoievsky, até as obras modernas de Pasternak e Solzhenitsyn. Certa vez, um amigo meu nascido na Rússia, filósofo e agnóstico incorrigível, surpreendeu-me ao dizer: "Os três maiores livros escritos em russo são *Guerra e Paz*, *O Idiota* e *O Caminho de um Peregrino*." Quando lhe perguntei por que incluíra este último, respondeu: "Porque ele, mais do que qualquer outro, exala o intenso perfume de couro e incenso da Rússia de outros tempos." Quanto a mim, parece-me agora que a leitura mais profunda e mais satisfatória que se pode fazer de *O Caminho de um Peregrino* é aquela que vê nele o desdobramento de uma profunda iniciação mística ao êxtase e à verdade daquilo que Jesus chamou de "o Reino", esse estado de conhecimento e amor divinos que revela a sacralidade do mundo e a divindade intrínseca de todos os seres, estado que é o verdadeiro objetivo da vida cristã.

Muitos leitores que tomarem pela primeira vez em suas mãos *O Caminho de um Peregrino* hão de constatar, como eu, que o livro é dotado de um misterioso poder iniciático. A chave desse poder, a meu ver, é o fato de a obra se desenvolver segundo os ritmos do tempo sagrado e da providência divina, levando em si algo da mesma simplicidade impre-

10 O Caminho de um Peregrino

visível e paradoxal do próprio Deus. Essa intenção iniciática é declarada logo nos primeiros parágrafos. Quando o peregrino encontra o homem que há de tornar-se o seu stárets, esse velho sacerdote lhe explica por que suas tentativas anteriores de descobrir o significado da "oração incessante" não haviam logrado êxito: "Até agora, foste provado na cooperação da tua vontade com a vocação de Deus, e recebeste a graça de compreender que nem a sabedoria deste mundo nem a mera curiosidade superficial podem alcançar a iluminação divina da oração interior perpétua." Para deixar ainda mais claro o que quer dizer, o stárets acrescenta: "Muito pelo contrário, é o coração simples e humilde que alcança essa oração, por meio da pobreza de espírito e de uma experiência viva da mesma oração." Todo o restante do livro é uma revelação do aprofundamento radical do conhecimento da pobreza de espírito por parte do Peregrino e da experiência viva da presença divina que a oração interior lhe oferece. A partir do decisivo encontro com o stárets, tudo o que acontece ao Peregrino acontece segundo os ritmos de uma providência secreta que o leva, tanto por meio de ocorrências exteriores quanto por meio de estágios gradativos de revelação interior, rumo a uma consciência cada vez mais radiante do Fogo de Cristo que, com a sua glória e a sua ternura, queima dentro dele e abrasa toda a criação. Um dos elementos que colaboram para a inesgotável magia do livro é o fato de um processo tão profundo ser vazado na prosa mais simples que se pode imaginar, com uma franqueza que reflete a evidência da própria Verdade. É essa simplicidade adamantina, semelhante à do Evangelho, que leva o leitor a crer que tudo aquilo que foi revelado ao Peregrino, e por intermédio deste, poderá ser revelado também a ele, leitor.

O fator principal dessa sensação de intimidade criada por *O Caminho de um Peregrino* é a veemência franca e sincera da voz do próprio Peregrino. Suas primeiras palavras já nos fazem perceber que estamos na presença de alguém que foi totalmente despojado pela vida e pelos sofrimentos, uma pessoa totalmente livre do desejo de impressionar ou de converter os outros, alguém, enfim, em cujo testemunho dos efeitos miraculosos da oração mística podemos crer sem restrições. É como ele nos diz, ainda na parte inicial do livro, acerca da sua experiência do poder da oração: "Havia dias em que eu caminhava setenta e cinco quilômetros ou mais e não sentia o peso da caminhada; só a oração preenchia a minha consciência. Quando o frio era intenso, eu rezava com mais fervor, e logo me sentia completamente aquecido. Quando a fome ameaçava sobrepujar-me, eu invocava o nome de Jesus Cristo com renovado vigor e logo a fome era esquecida." É o caráter preciso e terra a terra do seu testemunho que nos convence e tranqüiliza, colaborando para que nos identifiquemos com ele com plena confiança. Ele nos fala como um humilde irmão em Cristo, com tal naturalidade que as verdades excelsas que ele nos revela nos parecem, ao fim e ao cabo, perfeitamente naturais, algo que uma simples expansão da visão que temos da nossa própria natureza, bem como da verdadeira natureza de Deus e da vida, poderia nos revelar igualmente. É essa naturalidade (e a humildade que a irradia) que faz com que o Peregrino seja capaz não só de nos transmitir toda a profundidade das suas experiências interiores, como também de nos ensinar pelo exemplo — sem nos impor, de maneira alguma, os seus ensinamentos — como trabalhar com a graça divina. No seu ardor, na sua constante receptividade e na exuberante compaixão que demonstra para com todos os seres que encontra e com os quais aprende, o Peregrino torna-se um espelho daquilo que há de melhor em nós; torna-se, em certo sentido, o Peregrino que há dentro de cada um de nós e que anseia por conhecer a verdade e levar uma vida divina e sem pecado. À medida que *O Caminho de um Peregrino* se desenvolve, vamos assistindo ao modo pelo qual o narrador vai se deixando moldar pelos diversos acontecimentos, pela influência da graça e pela sua própria cooperação rigorosa com a providência divina, tornando-se, no fim, um verdadeiro mestre, um ser que o Cristo introduziu na sua presença e a quem confiou a radiante autoridade da sua própria Verdade direta. As diversas visões e intuições místicas da jornada do Peregrino culminam todas, já no fim do livro, na experiência maravilhosa que ele teve em Tobolsk:

> A oração do coração deliciava-me a tal ponto que eu achava que não poderia haver em todo o mundo quem fosse mais feliz do que eu, e não era capaz de imaginar um contentamento maior e mais profundo do que aquele nem mesmo no Reino dos Céus. Isso tudo eu não sentia só dentro de mim, mas também fora — todas as coisas ao meu redor pareciam-me maravilhosas e ins-

piravam-me o amor e a gratidão por Deus. Os homens, as árvores, as plantas e os animais — eu percebia o meu íntimo parentesco com todos eles e descobria de que maneira cada qual portava o selo do Nome de Jesus Cristo. Às vezes, sentia-me tão leve que parecia que não tinha corpo e não estava caminhando, mas flutuando alegremente pelo ar. Em outras circunstâncias, eu penetrava tão profundamente dentro de mim mesmo que contemplava claramente todos os meus órgãos interiores, e isso me levava a maravilhar-me com a sabedoria que ordenou a criação do corpo humano. Por vezes, eu conhecia tamanha alegria que me sentia como um rei. Nesses momentos de consolação eu desejava que Deus me concedesse uma morte prematura, a fim de que pudesse, no céu, lançar-me aos Seus pés em gratidão.

Nossa crença na admirável visão do Peregrino não decorre somente das palavras estupefatas e humildes com que ele no-la transmite, mas também da confissão que ele nos faz em seguida: "Tornou-se-me evidente que o meu gozo dessas experiências era controlado ou havia sido regulado pela vontade de Deus"; e fala-nos então acerca de um período de ansiedade e medo que o humilha e aprofunda a sua consciência das coisas que um verdadeiro mestre tem de aceitar e compreender:

Nuvens de pensamentos desceram sobre a minha mente e lembrei-me então das palavras do bem-aventurado João de Cárpatos, que disse que o mestre muitas vezes se submete a humilhações e sofre infortúnios e tentações em vista daqueles que dele hão de beneficiar-se espiritualmente. Depois de lutar um pouco com esses pensamentos, comecei a rezar com mais fervor e os pensamentos foram completamente expulsos do meu ser. Com isso, senti-me encorajado e disse a mim mesmo: "Seja feita a vontade de Deus! Estou pronto a suportar pela minha baixeza e arrogância tudo o que Jesus Cristo houver por bem colocar no meu caminho — pois até aqueles a quem recentemente revelei o segredo do caminho do coração e da prece interior haviam sido preparados diretamente pela orientação oculta de Deus, antes mesmo de eu vir a encontrá-los."

Isso significa que também nós, os leitores, que até agora seguimos o Peregrino pelo caminho dos mistérios e revelações, não fomos preparados por *ele* para receber as verdades que ele nos conta, mas pelo próprio Deus. No mesmo momento em que o narrador poderia nos ter levado à admiração por ele e pela sua busca, sua sabedoria permite que ele se liberte, e nos liberte, de todo e qualquer sentimento que não seja o puro e simples maravilhamento perante a sabedoria e a misericórdia divinas. Com incrível sutileza, portanto, o Peregrino nos mostra como a graça divina o conduziu — e nos conduziu — do êxtase místico à santa sobriedade, fundada no salutar reconhecimento da sua (e da nossa) total dependência em relação a Deus. Nesse processo, o Peregrino nos lembra de que a Divindade só continua a revelar-se para a pessoa que conserva uma atitude de reverência, adoração e entrega cada vez maior à Sua Verdade.

A última história que o Peregrino nos conta, com seus imprevistos, mostra-nos que ele já começava então a viver e a conhecer verdadeiramente essa reverência, essa adoração e essa entrega. Diz-nos ele que passava a noite na cabana de um funcionário dos correios, bêbado incorrigível, cuja cozinheira acabava de preparar-lhe um leito para o repouso noturno. O Peregrino fingia dormir quando, de repente, a cabana inteira estremece e a janela "na parte da frente da casa — os caixilhos, o vidro e tudo o mais — veio abaixo com um barulho terrível"; uma carruagem chocara-se contra a casa. Nesse momento, a cozinheira camponesa "deu um pulo para trás, aterrorizada, e correu para o meio da sala, onde desabou no chão". De início, o leitor não tem a menor idéia do motivo pelo qual está ouvindo uma história tão bizarra, sem nenhuma relação aparente com nada que havia acontecido antes. Na página seguinte, a razão disso nos é revelada: ele nos conta que, seis anos depois, passou por um mosteiro feminino cuja abadessa deu-lhe de comer; à mesa, sentiu-se tocado pela humildade da freira que lhe servia o chá — e descobriu que tratava-se da mesma mulher que encontrara na cabana do funcionário dos correios. A experiência violenta do passado a transformara numa humilde buscadora de Deus. A revelação da sabedoria e da misericórdia da providência divina que essa história lhe dá tem o poder de completar e selar a longa iniciação do Peregrino, que nos diz com simplicidade: "Com isto minha alma regozijou-se e glorificou a

14   O Caminho de um Peregrino

Deus, que com tanta sabedoria ordena todas as coisas para o bem." A longa jornada conduziu o Peregrino (e nós com ele) a um ponto em que enfim ele é humilde (e humilhado) o suficiente para perceber a mão da graça em todas as tragédias e desastres do mundo, e para entregar-se completamente a um mistério que, embora saiba-se incapaz de compreender, tem agora conhecimento suficiente para saber que se trata de um Mistério de Amor.

O Caminho de um Peregrino termina com o narrador prestes a embarcar para Jerusalém. Em certo sentido, o livro termina onde termina a linguagem considerada em si, no limiar do mistério da consciência divina que o místico João Ruysbroeck, da Renânia, chamou de "sagrado desconhecimento das Trevas nas quais se perdem os verdadeiros amantes", e que caracteriza o despontar da consciência de Cristo. Jamais saberemos se o Peregrino chegou de fato a Jerusalém, e, sob o aspecto mais profundo, isso não importa, pois sabemos que ele encontrou o Reino e a Cidade Santa dentro e fora do seu ser e ajudou-nos a começar a imaginar se também nós não poderemos ser levados pela graça a fazer a mesma descoberta. O silêncio que marca o fim de *O Caminho de um Peregrino* assemelha-se ao silêncio tremendo que nos rodeia e nos eleva no fim da Nona Sinfonia de Beethoven ou da Missa em Si Menor de Bach. Trata-se de um silêncio que não só ressoa com os diversos tipos de música que nele se consumam, como também parece, por um momento, invocar, incorporar e entronizar a própria Presença Divina. Só a mais elevada das artes, formada e determinada pela inteligência e pelo amor espirituais mais profundos, pode nos levar a um lugar em que toda expressão e todo sentimento se dissolvem no puro maravilhamento.

> *Dedico este prefácio ao meu amigo Henry Luce III,*
> *com gratidão e amor.*

Introdução

O livro conhecido nos países de língua inglesa como *O Caminho de um Peregrino* foi publicado pela primeira vez na Rússia em 1881 sob o título de *Otkrivenniye rasskazi strannika svoemu dukhovnomu otsu* — expressão que pode ser traduzida por "Íntimos Colóquios de um Peregrino com seu Pai Espiritual". Esta foi uma das mais populares leituras espirituais na Rússia até a época da revolução. Trata-se de um relato feito na primeira pessoa por um *strannik* — um dos peregrinos que eram sempre vistos a caminhar pela zona rural da Rússia desde a época medieval até a Revolução Russa. Seu autor e o local exato onde foi escrito permanecem desconhecidos, e chega-se até a pensar que seja uma obra de ficção.* Mas, qualquer que seja a sua origem, ele chega até nós como a mais acessível e inspiradora apresentação da prática chamada *hesicasmo*, ou "quietude", a via de oração que tem caracterizado desde há muitos séculos a espiritualidade da Igreja Ortodoxa.

O Caminho de um Peregrino foi publicado pela primeira vez em inglês na década de 1930, numa tradução de R. M. French, que criou o título pelo qual veio a ser conhecido desde então. Esse livro nunca mais saiu do catálogo das editoras, mas sua popularidade cresceu imensamente com a publicação do romance *Franny and Zooey*, campeão de vendas de J. D. Salinger, em 1961. (Uma das principais personagens do romance, Franny Glass, é obcecada por *O Caminho de um Peregrino* e pela prática da oração de Jesus.) Desde a década de 1960, foram lançadas outras quatro traduções para o inglês, e o livro tornou-se a obra de espiritualidade russa mais lida e mais conhecida em todos os tempos.

---

* Uma interessante discussão da história do texto pode ser encontrada na introdução de Aleksei Pentkovsky à tradução de T. Allan Smith, publicada na série *Classics of Western Spirituality* (ver a referência bibliográfica na p. 142).

16 O Caminho de um Peregrino

Este tomo consiste numa versão resumida de *O Caminho de um Peregrino*, acompanhada de um comentário que explica os nomes, as referências e outros detalhes do texto. A leitura do comentário há de colaborar para o entendimento do texto e o habilitará a ler com uma compreensão maior o segundo volume, *O Peregrino Continua em seu Caminho*, bem como outras obras escritas da espiritualidade cristã ortodoxa.

O Caminho
de um Peregrino

Primeira
Narrativa

1 Vigésimo quarto domingo depois de Pentecostes: este ocorreria no inverno, em janeiro ou fevereiro. Quando o Peregrino menciona a Liturgia, refere-se à Divina Liturgia de São João Crisóstomo, o serviço litúrgico cantado aos domingos, que associa leituras do Evangelho e das Epístolas com a celebração da Eucaristia — o equivalente ortodoxo da Missa católica romana.

2 O texto vem das exortações com que São Paulo fecha a Primeira Epístola aos Tessalonicenses, nos versículos de 11 a 22: "Portanto, consolai-vos mutuamente e edificai-vos uns aos outros, como já fazeis. Mas nós vos suplicamos, irmãos, que tenhais consideração com aqueles que trabalham entre vós e que vos governam no Senhor, e vos admoestam, e que tenhais para com eles uma caridade particular, por causa do seu trabalho. Vivei em paz uns com os outros. Pedimo-vos também, irmãos, que admoesteis os ociosos, consoleis os pusilânimes, suporteis os fracos, sejais pacientes com todos. Vede que nenhum retribua a outro mal por mal, mas procurai sempre fazer bem entre vós, e para com todos. Estai sempre alegres. Orai sem cessar. Por tudo dai graças; porque esta é a vontade de Deus em Jesus Cristo em relação a todos vós. Não extingais o Espírito. Não desprezeis as profecias. Examinai tudo; abraçai o que for bom, guardai-vos de toda forma de mal."

3 Efésios 6:18.

4 I Timóteo 2:8.

❖ O século XIX foi a era dos grandes vultos da literatura russa, como Pushkin, Dostoievsky e Tolstoy. Foi um período de renovação espiritual da Igreja Ortodoxa Russa, e sua segunda metade foi um período de reformas sociais radicais. Antes de 1860, cerca de 45 por cento do povo russo vivia em regime de servidão, uma forma de escravidão; tinham de morar e trabalhar na terra na qual nasciam e eram comprados e vendidos junto com a terra. Considera-se que os acontecimentos relatados em *O Caminho de um Peregrino* ocorreram durante o reinado do Tsar Alexandre II (1855-1881), que, em 1860, libertou os servos. Na narrativa do Peregrino, não há sinal algum da grande turbulência social que essa mudança provocou, o que indica que o que aqui se narra não deve ter acontecido muito tempo depois de 1860.

Pela graça de Deus sou cristão, por minhas ações grande pecador, por vocação peregrino sem lar, de humílima origem, que vaga de lugar em lugar. Os pertences que tenho no mundo resumem-se a um bornal com um naco de pão e a uma Bíblia que levo no bolso da camisa; nada mais.

No vigésimo quarto domingo depois de Pentecostes[1], fui à igreja para fazer minhas orações durante a Liturgia. Em meio à leitura da Epístola de São Paulo aos Tessalonicenses, ouvi as seguintes palavras: "Orai sem cessar."[2] Essas palavras gravaram em mim um selo indelével, e comecei a perguntar a mim mesmo como seria possível orar sem cessar, uma vez que todos têm de ocupar-se também com outros assuntos, como a busca da subsistência, e assim por diante. Consultei a Bíblia e li por mim mesmo o que havia ouvido: que se deve "orar sem cessar", "orar continuamente em Espírito"[3] e "orar em todo lugar, levantando as mãos"[4]. Pensei sobre isso por bastante tempo, mas fui incapaz de compreendê-lo.

"O que devo fazer?", pensei. "Onde encontrarei quem me explique estas coisas? Visitarei algumas das igrejas que são famosas pelos seus excelentes pregadores, e talvez este mistério me seja explicado." Assim o fiz, e ouvi muitos sermões excelentes sobre a oração. Todos eles, porém, tratavam da oração em geral: o que ela é, por que é necessária, quais são os seus frutos. Não obstante, nada se dizia acerca de como ter êxito na oração. Ouvi um sermão sobre a oração em Espírito e sobre a oração incessante, mas nenhuma menção se fez, nele, de como alcançar semelhante oração.

Depois de muito ouvir, sem adquirir compreensão alguma de como orar incessantemente, deixei de lado esses sermões, dirigidos ao comum dos paroquianos, e decidi-me, com a ajuda de Deus, a buscar um mestre sábio e experimentado que me explicasse a oração incessante, pela qual achava-me agora irresistivelmente atraído.

22 O Caminho de um Peregrino

5 O Peregrino poderia ver um mosteiro em qualquer capital de província, ou, antes, em qualquer cidade de certo tamanho, uma vez que muitos povoados e cidades da Rússia começaram a existir com um mosteiro, segundo o seguinte processo: um grupo de eremitas procurava afastar-se ao máximo da civilização; comunidades de monges formavam-se em torno dos eremitas; as comunidades transformavam-se em mosteiros. Por razões espirituais e econômicas, leigos ligavam-se aos mosteiros e surgia uma cidade. Esse processo foi o principal responsável pelo povoamento das terras desabitadas da Rússia.

Parti e vaguei durante muito tempo e por diversos lugares, sem jamais deixar de ler fielmente a minha Bíblia. Onde quer que eu fosse, indagava do paradeiro de um diretor espiritual pela região. Disseram-me por fim que em certo povoado havia um senhor de terras que há muito tempo vivia ali e dedicava todos os seus dias a trabalhar pela sua salvação. Ele tinha em sua casa uma capela e jamais saía; nada fazia exceto rezar continuamente e ler livros sobre espiritualidade. Quando ouvi isso, não mais andava, mas corria, e dirigi-me a esse povoado. Quando lá cheguei, encontrei o homem de que se tratava. "O que queres de mim?", perguntou-me.

"Ouvi dizer que és um homem de oração e de sabedoria. Em nome de Deus, explica-me, por obséquio, o sentido das palavras do Apóstolo: 'Orai sem cessar', e diz-me como se pode praticar essa oração. Quero sabê-lo, mas até agora tenho sido absolutamente incapaz de compreendê-lo!"

Permaneceu ele por alguns instantes em silêncio. Então, olhou-me detidamente e disse: "A prece interior perpétua é o esforço constante do espírito para alcançar a Deus. Para obter êxito nessa prática maravilhosa, deves com mais freqüência implorar ao Senhor que te ensine a orar sem cessar. Reza mais, e sempre com mais sinceridade, e a oração ela mesma te revelará como há de tornar-se incessante. Esse esforço dará fruto a seu tempo."

Depois de dizer-me isso, deu-me de comer, ofereceu-me dinheiro para a viagem e despediu-me em meu caminho. Não me deu, afinal, explicação nenhuma.

Assim, parti mais uma vez, e continuava a pensar, e a ler, e a refletir sobre o que me dissera o homem; mas nem assim eu conseguia compreendê-lo. Não obstante, minha ânsia de compreensão era tão intensa que, à noite, não consegui dormir.

Depois de caminhar cerca de dezenove quilômetros, cheguei a uma grande capital de província, onde vi um mosteiro[5]. Parei na taverna e lá ouvi que nesse mosteiro havia um abade excepcionalmente bondoso, homem de oração e hospitaleiro. Fui vê-lo, e ele me recebeu com alegria, e fez-me sentar, e ofereceu-me uma refeição.

"Santo Pai", disse eu, "não preciso de alimento, mas busco a tua orientação espiritual quanto ao que devo fazer para me salvar."

24 O Caminho de um Peregrino

6 São Dimitri: Dimitri de Rostov (1651-1709), bispo russo e autor de muitas obras espirituais. Escreveu uma famosa coletânea de vidas dos santos.

7 Monge do esquema: um monge que já fez os votos finais ou solenes, o que corresponde mais ou menos à "profissão plena" de certas ordens monásticas ocidentais. No sistema russo, o monge era primeiro um noviço, depois um *ryassaphor* — aquele que usa o hábito monástico chamado *ryassa*, semelhante a uma batina —, e depois um monge do esquema — que usa mais uma veste que cobre todas as outras, chamada *schema*, uma espécie de capa ou sobrecasaca. Alguns monges, geralmente na velhice, faziam novos votos ainda mais solenes, que envolviam mais jejuns e mais práticas ascéticas. Dizia-se que esses monges recebiam a tonsura do "grande esquema" — e, em relação a eles, os monges comuns eram denominados monges do "pequeno esquema". O sistema usado pelos monges gregos era um pouco diferente.

"Ora, ora, o que deves fazer para te salvar? Vive segundo os mandamentos, reza a Deus, e serás salvo!"

"Ouvi dizer que se deve orar sem cessar", eu disse, "mas não sei como fazê-lo. Nem mesmo chego a compreender o que é a oração incessante. Explica-me, ó Pai, por obséquio."

"Não sei, irmão caríssimo, o que mais dizer para aconselhar-te. Mas, espera um instante! Tenho aqui um livrinho que o explica." Trouxe-me *A Educação Espiritual do Homem Interior*, de São Dimitri[6]. "Ei-lo", disse-me. "Lê esta página."

Comecei a ler a seguinte passagem: "As palavras do Apóstolo 'orai sem cessar' devem ser compreendidas como uma referência à oração mental*, pois a mente sempre está apta a aspirar a Deus e a rezar a Ele sem cessar."

"Explica-me, te peço, os meios pelos quais a mente pode aspirar sempre a Deus e rezar a Ele incessantemente, sem deixar-se distrair!"

"Para isso é necessária uma grande sabedoria, exceto para aqueles a quem o próprio Deus concedeu esse dom", disse o abade. E não me deu mais nenhuma explicação.

Passei a noite no mosteiro. Na manhã seguinte, agradeci ao abade pela sua bondosa hospitalidade e prossegui no meu caminhar, sem saber para onde dirigir-me. Lastimava a minha falta de entendimento e confortava-me com a leitura da Bíblia. Assim viajei por cinco dias, atendo-me às estradas principais. Por fim, na tarde do quinto dia, encontrei um velho que parecia um sacerdote. Respondendo a uma indagação minha, disse-me que era um monge do esquema[7] e vivia num mosteiro localizado a cerca de dez quilômetros da estrada principal. Convidou-me a acompanhá-lo e a visitar o mosteiro. "Abrigamos os peregrinos",

---

* O termo "mental", neste caso, deve ser compreendido no sentido do grego *nous*; ou seja, não se trata da mente no sentido moderno, do pensamento discursivo, mas sim do que a escolástica ocidental chamava de *intelecto*: uma faculdade mais elevada do que a mente, capaz de um conhecimento intuitivo e direto da realidade, a qual está sempre e naturalmente voltada para Deus. A "oração mental" de que aqui se fala não consiste num esforço do pensamento, mas num esforço da atenção, que deve voltar-se para o Objeto Divino perpetuamente contemplado pela faculdade intelectual. (N. do T.)

26 O Caminho de um Peregrino

8 A regra geral admitida para os hóspedes era que gozassem da hospitalidade do mosteiro por três dias. Quem permanecesse mais um dia teria de ajudar no trabalho do mosteiro, ou talvez ser recebido na comunidade como noviço.

9 Stártsi: plural de stárets, tradução russa do termo grego *geron*, "velho". Um monge experiente, não necessariamente sacerdote, junto a quem outros monges e até leigos buscam orientação espiritual. Essa antiga tradição de maestria espiritual estava passando, na época do Peregrino, por um forte processo de revivificação. No decorrer de todo o século XIX e até a Revolução Russa, a presença de stártsi carismáticos e influentes foi uma característica decisiva da vida na Rússia, e a influência desses "anciãos" muitas vezes se fazia sentir fora dos mosteiros.

10 Santos Padres: os "Padres da Igreja". "Escritores" cristãos especialmente caracterizados pela antigüidade, pela pureza de doutrina e pela santidade de vida, cujas palavras recebem uma veneração especial por parte dos ortodoxos e de alguns outros ramos do Cristianismo. Não existem critérios oficiais pelos quais uma pessoa é julgada digna do título "Padre da Igreja", mas o termo certamente se aplica a todos os autores cujas obras compõem a *Filocalia* e que são citados em *O Caminho de um Peregrino*.

11 Liturgia: A Divina Liturgia de São João Crisóstomo. É o principal serviço litúrgico da Igreja Ortodoxa, celebrado nos domingos e dias de festa. É composto de hinos, leituras das Epístolas e do Evangelho, da celebração da Eucaristia e da distribuição da Comunhão para os fiéis. Embora sua estrutura seja muito semelhante à da Missa romana, que é o seu equivalente ocidental, todas as palavras da Divina Liturgia são cantadas, não faladas. A celebração da Divina Liturgia geralmente leva cerca de duas horas, durante as quais a maior parte da congregação permanece de pé.

12 Cântico dos Cânticos 5:2.

Primeira Narrativa 27

disse-me, "e oferecemos-lhes, bem como a outras pessoas devotas, descanso e alimento na hospedaria."[8]

Eu relutava em acompanhá-lo, por isso respondi: "Minha paz de espírito não depende de encontrar abrigo, mas, antes, de obter orientação espiritual. Não preciso de alimento, pois o meu bornal está cheio de pão seco."

O monge perguntou: "Que espécie de orientação buscas, e o que é que não compreendes? Vem visitar-nos, irmão caríssimo. Temos entre nós *startsi*[9] experientes que podem alimentar-te espiritualmente e lançar-te no caminho da verdade, à luz da Palavra de Deus e dos ensinamentos dos Santos Padres[10]."

"Há cerca de um ano, ó Pai, durante a Liturgia[11], ouvi as palavras do Apóstolo que nos exortam a 'orar sem cessar'. Incapaz de compreendê-las, comecei a ler a Bíblia. Nela, em diversos trechos, encontrei essa mesma instrução divina: devemos orar incessantemente, sempre e em todo lugar, não só enquanto estamos ocupados com uma atividade qualquer, não só enquanto estamos despertos, mas até mesmo durante o sono. 'Eu durmo, mas o meu coração vigia.'[12] Isso me deixou perplexo, e vi-me incapaz de compreender de que maneira isso se poderia fazer e por quais meios se poderia alcançar. Um desejo e uma curiosidade ardentes despertaram dentro de mim e meus pensamentos ocupavam-se do assunto dia e noite. Comecei então a visitar muitas e diversas igrejas e a ouvir os sermões nos quais se falava sobre a oração. Não obstante, por mais sermões que ouvisse, nenhum deles me explicava como orar incessantemente. Falavam somente da preparação para a oração, e dos frutos da oração, e assim por diante, mas nada ensinavam acerca de como se deve orar incessantemente e da natureza desse tipo de oração. Li muitas vezes a Bíblia para confirmar o que ouvi, mas ainda não encontrei o conhecimento que procuro. Não estou em paz comigo mesmo e continuo confuso com tudo isso."

O *starets* fez o sinal-da-cruz e começou a falar: "Dou graças a Deus, irmão muito amado, por haver despertado em ti esse desejo irresistível de praticar a oração interior perpétua. Deves reconhecer esse fato como uma vocação divina. Fica em paz e guarda a certeza de que até agora foste provado na cooperação da tua vontade com a vocação de Deus, e recebeste a graça de compreender que nem a sabedoria deste mundo

28 O Caminho de um Peregrino

Peregrinos fazendo suas orações junto à estrada

13 I Timóteo 2:1.

nem a mera curiosidade superficial podem alcançar a iluminação divina da oração interior perpétua. Muito pelo contrário, é o coração simples e humilde que alcança essa oração, por meio da pobreza de espírito e de uma experiência viva da mesma oração. Por isso, não é de admirar que não tenhas ouvido nada acerca da própria essência da oração, nem tenhas adquirido nenhum conhecimento de como fazê-la operar sua atividade incessante.

"Em verdade, embora muitos tenham dito e escrito muitas coisas sobre a oração, eles estão mais preparados para falar acerca dos elementos que constituem a oração do que acerca da essência desta, pois seus pensamentos baseiam-se sobretudo na especulação e nas deliberações da razão natural, e não na experiência viva da prece. Um deles faz um discurso excepcional sobre a necessidade da oração, e outro, sobre o seu poder e os seus benefícios. Outro ainda discute os meios necessários para a consecução da oração perfeita: a necessidade do esforço, da atenção, do calor do coração, da pureza de pensamentos, de reconciliar-se com os inimigos, da humildade, da contrição, etc. Mas que dizer acerca da oração em si mesma e de como aprender a rezar? A estas, as questões mais essenciais e necessárias, muito raramente alguém obtém uma resposta concreta dos pregadores de hoje em dia. Essas questões são de compreensão extremamente mais difícil do que os argumentos que acabei de mencionar, pois exigem uma intuição mística que vai além e está acima do mero conhecimento acadêmico. E o pior de tudo é que a vã sabedoria deste mundo nos leva a julgar a Divindade segundo os padrões humanos. Muita gente fala da oração de maneira invertida, pensando que são o esforço pessoal e as etapas preparatórias que dão origem à oração, e não esta que dá à luz todas as boas obras e todas as virtudes. Enganam-se e vêem os frutos e os benefícios resultantes da oração como meios para o seu fim, e com isso diminuem o próprio poder da oração.

"Tudo isso contradiz abertamente a Sagrada Escritura, pois o Apóstolo Paulo nos ensina o seguinte sobre a oração: 'Recomendo-te, pois, antes de tudo, que se façam súplicas...'[13] Vemos aí que o Apóstolo insiste, antes de mais nada, na preeminência da atividade da oração: 'Recomendo-te, pois, antes de tudo, que se façam súplicas...' Muitas boas obras se exigem do cristão, mas é a oração que deve ser considerada a

Uma igreja rural russa

14 Romanos 8:28.

15 Santo Isaac da Síria (fim do século VII): bispo de Nínive. À semelhança de vários dos primeiros cristãos que escreveram tratados importantes sobre a oração, Santo Isaac usava a extinta língua siríaca.

Primeira Narrativa 31

mais importante e ser posta em primeiro lugar, pois sem a oração nenhuma outra boa obra se pode cumprir e ninguém pode encontrar o caminho que leva ao Senhor. A verdade não pode ser conhecida, a carne com sua luxúria e suas paixões não pode ser crucificada, o coração não pode ser preenchido com a luz de Cristo e não pode unir-se a Ele a menos que isso seja precedido pela oração freqüente. Digo 'freqüente', porque a maneira certa de rezar e de alcançar a oração perfeita está além das nossas capacidades. Diz o Apóstolo Paulo: 'Pois não sabemos rezar como convém.'[14] Portanto, a freqüência e a regularidade da oração são as únicas coisas que estão dentro da nossa capacidade, e são os meios pelos quais se alcança a oração pura, que é a mãe de todas as bênçãos espirituais. 'Adquire a mãe, e ela te dará filhos', diz Santo Isaac da Síria[15]. Primeiro aprende a rezar, e depois cumprirás com facilidade todas as boas obras. Isto não é evidente para aqueles a quem falta a experiência viva da oração e o conhecimento da doutrina mística dos Santos Padres; por isso, eles quase não falam sobre o assunto."

Tão absortos estávamos pela conversa que, sem percebê-lo, havíamos quase chegado ao mosteiro. Eu não queria perder de vista o sábio stárets e estava ansioso por obter dele o que desejava, por isso disse rapidamente: "Terias, ó venerável Pai, a bondade de explicar-me o significado da oração interior incessante e os meios de aprendê-la? Vejo que tens experiência dela e a conheces bem."

O stárets atendeu amorosamente ao meu pedido e convidou-me a acompanhá-lo. "Entra comigo agora e dar-te-ei um livro dos escritos dos Santos Padres a partir do qual, com a ajuda de Deus, serás capaz de aprender a rezar e compreender a oração, clara e detalhadamente." Entramos em sua cela e o stárets me disse: "A oração de Jesus, interior e incessante, é a invocação contínua e ininterrupta do divino Nome de Nosso Senhor Jesus Cristo com os lábios, a mente e o coração, acompanhada da recordação da Sua presença constante e da instante súplica da Sua misericórdia, durante toda e qualquer atividade com que se esteja ocupado, em todo tempo, em todo lugar e até mesmo durante o sono. As palavras dessa oração são as seguintes: 'Senhor Jesus Cristo, tem misericórdia de mim!' Aquele que se habituar a esta súplica encontrará grande consolo e sentirá a necessidade de repetir incessantemente essa

32   O Caminho de um Peregrino

16 *Filocalia* é o título da obra original em grego, que significa "Amor do Belo". O grande clássico da doutrina ortodoxa sobre a oração é uma antologia de escritos de vários autores que viveram entre o século IV e o século XV. Foi compilado por São Nicodemos da Montanha Sagrada (ver p. 72) e Macário Notaras e publicado pela primeira vez em 1782. O stárets provavelmente tinha um exemplar da tradução russa publicada pelo bispo Teófano, o Recluso, entre 1876 e 1890, intitulada em russo *Dobrotolubye* ou "Amor do Bem". O livro existe hoje em tradução para a língua inglesa, em quatro volumes (com um quinto já em preparação): *The Philokalia: The Complete Text*, traduzida do grego por G. E. H. Palmer, Philip Sherrard e Kallistos Ware (Londres: Faber & Faber, 1979-1998). Há, em inglês, uma excelente seleção de textos da *Filocalia*, especialmente dedicada à doutrina sobre a Oração de Jesus: *Writings from the Philokalia on the Prayer of the Heart*, traduzida do russo por E. Kadloubovsky e G. E. H. Palmer (Londres: Faber & Faber, 1992).

17 São Simeão, o Novo Teólogo (949-1022): autor de obras espirituais, monge dos mosteiros de Studios e S. Mamas, em Constantinopla; tornou-se abade deste último. Foi uma das influências que determinaram a constituição do hesicasmo, "quietude", termo que designa especificamente a prática da oração de Jesus. As obras de São Simeão disponíveis em língua inglesa são *Symeon the New Theologian: The Discourses*, traduzida por C. J. de Catanzaro (Mahwah, N.J.: Paulist Press, 1980) e *On the Mystical Life: The Ethical Discourses on Virtue and Christian Life* (Crestwood, N.Y.: St Vladimir's Seminary Press, 1996).

oração, de modo que enfim não será mais capaz de viver sem ela, e a oração por si há de operar-se nele.

"E agora, já está claro para ti o que é a oração incessante?"

"Claro como o dia, meu Pai! Por Deus, ensina-me a adquiri-la!", clamei, cheio de alegria.

"Podemos ler sobre como aprender a oração neste livro, cujo título é a *Filocalia*[16]. Contém ele a doutrina completa e detalhada da oração interior perpétua, tal como foi exposta por vinte e cinco Santos Padres. A sabedoria nele contida é tão exaltada e benéfica que ele é considerado o melhor e o mais importante manual da vida espiritual contemplativa. O bem-aventurado Nicéforo disse que ele 'conduz o homem à salvação sem esforço e sem suor'."

"Será possível que a *Filocalia* seja mais exaltada e mais santa do que a Bíblia?", perguntei.

"Não, não é nem mais exaltada nem mais santa do que a Bíblia, mas contém explicações luminosas de tudo aquilo que está contido na Bíblia de maneira mística e que, nesta, é tão elevado que não pode ser compreendido pelo nosso intelecto entorpecido. Deixa-me dar-te um exemplo. O sol é a maior, a mais esplendorosa e a mais magnífica de todas as fontes de luz, mas não podes contemplá-lo nem examiná-lo a olho nu. Precisas de uma lente especial que, embora seja um milhão de vezes menor e mais obscura do que o sol, permite que estudes a magnífica fonte de toda luz, que suportes a visão dos seus raios de fogo e te encantes com essa visão. Assim, as Sagradas Escrituras assemelham-se a um sol luminoso, e a *Filocalia* à lente que é necessária para contemplá-lo.

"Vê, vou ler-te sobre como aprender a oração interior perpétua." O stárets abriu a *Filocalia*. Escolheu uma passagem de São Simeão, o Novo Teólogo[17], e começou a ler: "'Encontra um lugar tranqüilo para sentar-te sozinho e em silêncio; inclina a cabeça e fecha os olhos. Respira suavemente, olha com a tua mente para dentro do teu coração; recolhe a tua mente — ou seja, todos os pensamentos dela — e leva-os todos para baixo, para dentro do teu coração. Enquanto respiras, repete: "Senhor Jesus Cristo, tem misericórdia de mim", quer silenciosamente, com os lábios, quer apenas mentalmente. Esforça-te por banir de ti todos os pensamentos; sê calmo e paciente e repete este exercício com freqüência.'"

34 O Caminho de um Peregrino

18 São Gregório do Sinai (m. em 1360): monge ordenado no Sinai (donde o seu nome) que aprendeu a oração do coração no Monte Atos (ver a p. 72) e saiu a ensiná-la por toda a região. É conhecido especialmente por seus ensinamentos acerca da sobriedade espiritual — a capacidade de permanecer firme na oração sem deixar-se conduzir pelos estados emocionais.

19 Os Bem-Aventurados Calisto e Inácio de Xantopoulos (meados do século XIV) eram amigos íntimos e mestres de oração que receberam sua formação monástica no Monte Atos (ver p. 72) sob a direção de São Gregório do Sinai. Calisto tornou-se Patriarca de Constantinopla cerca de 1360. Foram co-autores do livro *Instruções aos Hesicastas em Cem Capítulos*, reproduzido na íntegra na *Filocalia*.

20 Matinas: o ofício da manhã do ciclo monástico cotidiano, rezado em algum momento entre as três e as nove horas da manhã. Na Rússia, costumava também ser celebrado na véspera dos dias de festa ou nas noites de domingo, prática que continua em vigor até hoje.

21 "De pé na igreja": as igrejas ortodoxas tradicionais não têm bancos, exceto uns poucos, junto às paredes, para os idosos e os enfermos. Hoje em dia, essa prática foi mitigada, especialmente nas igrejas construídas nos Estados Unidos. Mas, na época do Peregrino, não havia assentos. Tinha-se como certo que ele, bem como todos os demais, ficariam em pé no decorrer de toda a liturgia.

❖ Hesicasmo: do grego *hesychia*, "quietude". Embora essa palavra não seja usada em *O Caminho de um Peregrino*, é o termo que designa a prática da oração de Jesus, que o Peregrino aprende e da qual se torna exemplo, e que tem por texto principal a *Filocalia*.

Embora o hesicasmo e a recitação de orações curtas e repetitivas, tais como a oração de Jesus, sejam práticas antigas, já exemplificadas muitas vezes pelos primeiros Padres, o hesicasmo é associado de modo particular à figura de São Gregório Palamas (1296-1359), originalmente monge de Atos (ver p. 72) e depois bispo da cidade de Tessalônica (atual Thessaloniki, Grécia), que se esforçou para apresentar uma justificativa teológica para essa prática, combatendo os que a difamavam, e assim garantiu o lugar central do hesicasmo na espiritualidade ortodoxa até a época atual. As obras de Palamas, como *Tríades em Defesa dos Santos*

O stárets explicou-me tudo isso e ilustrou-o com exemplos, e lemos mais trechos da *Filocalia*: passagens de São Gregório do Sinai[18] e dos bem-aventurados Calisto e Inácio[19]. Depois de ler-me tudo isso, o stárets ainda me explicou as mesmas coisas com as suas próprias palavras. Fascinado, ouvi atentamente todas as palavras que ele disse, assimilando-as mentalmente do modo mais detalhado que me era possível. Assim, passamos a noite inteira em claro e depois saímos para o ofício das matinas[20].

Quando nos separamos, o stárets me abençoou e disse que, enquanto estivesse aprendendo a oração, eu deveria ir vê-lo e revelar e confessar a ele todas as coisas com sinceridade e clareza, pois é difícil e inútil dedicar-se à vida interior sem a orientação de um diretor espiritual.

De pé na igreja[21], senti dentro de mim o zelo ardente de aprender a oração interior perpétua com a máxima diligência, e pedi a Deus que me ajudasse nessa empreitada. Surgiu-me então um pensamento: como serei capaz de visitar o stárets para confessar-me e pedir conselhos se a hospedaria do mosteiro impõe um limite de três dias para a estada dos visitantes e não existem casas perto do mosteiro? Por fim e por acaso, ouvi que havia um povoado a pouco mais de cinco quilômetros de distância. Fui para lá em busca de um local para ficar e fiquei cheio de alegria quando vi que Deus me havia proporcionado um tal local. Um camponês contratou-me para tomar conta da sua horta durante o verão e, em troca, deixou-me morar sozinho numa cabana que havia ao lado da horta. Graças a Deus, eu havia encontrado um lugar tranqüilo para ficar! Estabeleci-me então em meu abrigo e comecei a aprender a oração interior segundo o método que me tinha sido ensinado; de quando em quando, eu fazia uma visita ao stárets.

Por uma semana, na tranqüilidade da horta, trabalhei com diligência para aprender a oração perpétua e fiz o que stárets me havia ensinado. No começo, tudo parecia estar indo bem. Então, passei a sentir-me assoberbado interiormente por um grande peso, preguiça, tédio e sonolência, ao mesmo tempo que uma grande quantidade de pensamentos nublava-me a mente. Cheio de pesar, fui ver meu stárets e expliquei-lhe o meu problema. Ele recebeu-me com bondade e disse: "Eis, irmão bemamado, que o reino das trevas move guerra contra ti. Nada há de mais terrível para essas trevas do que a oração do coração, e por isso elas

Hesicastas, apresentam o argumento de que o objetivo da oração contemplativa é o conhecimento de Deus — e Deus realmente Se comunica ao ser humano em oração. Seus opositores afirmavam que Deus, em essência, é incognoscível. As teses de São Gregório Palamas foram ratificadas por concílios realizados em Constantinopla em 1347 e 1351.

Um praticante do hesicasmo, como o Peregrino, é chamado *hesicasta*.

22 Bem-Aventurado Nicéforo, o Solitário (m. em 1340): monge do Monte Atos e um dos mestres de São Gregório Palamas (ver p. 34). O stárets lê um trecho de sua obra "Discurso Utilíssimo acerca da Sobriedade e da Guarda do Coração", que associa os próprios ensinamentos de Nicéforo sobre a oração com passagens extraídas das obras de muitos outros Padres.

23 Chotki: cordão de oração (*komvoskoini* em grego). Um cordão de lã, geralmente preta, com uma série de nós, geralmente 100, cada um dos quais é feito de uma maneira complexa e simbólica. Usado pelos cristãos ortodoxos para contar suas orações, é comparável ao rosário católico, ao *tasbih* muçulmano ou ao *mala* hindu e budista. Na sua extremidade, geralmente há uma cruz, também de tecido, com um pom-pom, que se diz servir para enxugar as lágrimas. São também comuns os cordões de oração de 33, 300 e 500 nós. Os chotki também podem ser feitos de couro, de contas de diversas espécies, de sementes ou conchas.

Um chotki, cordão de oração ou rosário ortodoxo

farão qualquer coisa para que os teus esforços de aprender a rezar sejam frustrados. Porém, mesmo o inimigo só pode agir pela vontade e pela permissão de Deus, e só pelo tempo que nos for necessário. Parece que a tua humildade ainda tem de ser provada. Por isso, é ainda muito cedo para que procures penetrar nas profundezas do teu coração com tão ardente zelo, sob pena de sucumbires à avareza espiritual. Vou ler-te o que diz a *Filocalia* a este respeito."

Encontrou um trecho dos ensinamentos do Bem-Aventurado Nicéforo, o Solitário[22], e começou a ler: "'Se, depois de algumas tentativas, fores incapaz de penetrar no local do coração, como te ensinaram, faz o que hei de dizer-te e, com a ajuda de Deus, encontrarás o que procuras. Sabes que cada pessoa tem uma laringe pela qual exerce a faculdade da fala. Banindo de ti todos os pensamentos (podes fazê-lo, se quiseres), põe em exercício essa faculdade e repete continuamente as seguintes palavras: 'Senhor Jesus Cristo, tem misericórdia de mim!' Obriga-te sempre a repeti-las. Se o praticares por certo tempo, este exercício certamente há de abrir-te as portas do coração. A experiência o prova.'

"É isso, portanto, que os Santos Padres prescrevem em casos como esse", disse o stárets. "Por isso, deves agora aceitar este ensinamento com a mais absoluta confiança e repetir a oração de Jesus com a máxima freqüência. Toma este *chotki*[23] e usa-o para recitar a oração, pelo menos três mil vezes por dia para começar. Quer estejas de pé, sentado, deitado ou caminhando, continua a repetir: 'Senhor Jesus Cristo, tem misericórdia de mim!' Não fales alto nem te apresses com a oração, mas repete-a sem falta três mil vezes ao dia, sem aumentar nem diminuir pela tua própria vontade este número. Por meio deste exercício, Deus te ajudará a alcançar a prece perpétua do coração."

Recebi com alegria as suas instruções, fui para casa e comecei a cumprir as determinações do stárets fielmente e com exatidão. Por dois dias tive alguma dificuldade, mas depois o exercício tornou-se-me tão fácil e agradável que, quando eu parava, sentia a forte necessidade de voltar a recitar a oração. Logo estava rezando com facilidade e satisfação, sem nenhum resquício do esforço que tive de envidar a princípio.

Relatei esses fatos ao stárets, que me instruiu a aumentar o número de recitações para seis mil por dia. "Sê tranqüilo e procura simplesmen-

Frontispício da Filocalia original em grego, de 1782

te recitar a oração com a máxima fidelidade tantas vezes quantas te determinei. Deus há de agraciar-te com a Sua misericórdia."

Por uma semana inteira, na solidão da minha cabana, repeti a oração de Jesus seis mil vezes por dia. Não me sentia ansioso com coisa alguma e não prestava atenção a quaisquer pensamentos, por mais que com força me assediassem. Concentrava-me somente em cumprir com exatidão as instruções do meu stárets. E sabes o que aconteceu? Fiquei tão acostumado à oração que, quando parava de rezar, mesmo que por breve período, sentia falta de alguma coisa, como se tivesse perdido algo. Quando voltava a rezar, sentia-me imediatamente preenchido por uma leveza e uma alegria interiores. Se por acaso encontrava alguém, já não sentia nenhum desejo de conversar. Meu único anseio era o de solidão, o de estar só com a minha oração. Assim foi que no período de uma semana acostumei-me com essa oração.

Depois de dez dias sem me ver, o próprio stárets veio visitar-me, e descrevi para ele o meu estado interior. Ele ouviu e disse: "Agora que ficaste acostumado com a oração, cuida de preservar e fortalecer esse hábito. Não percas tempo e, com a ajuda de Deus, toma a decisão de repetir a oração, sem falta, doze mil vezes por dia. Permanece na solidão, levanta-te mais cedo pela manhã, recolhe-te mais tarde à noite e vem aconselhar-te comigo a cada duas semanas."

Comecei a cumprir as instruções do stárets. No primeiro dia, só à noite alta consegui completar a regra de doze mil recitações da oração. No segundo dia, cumpri a regra com gozo e facilidade. A princípio, cansei-me de repetir continuamente a oração. Minha língua ficou entorpecida e meus maxilares, rígidos, embora essas sensações não fossem desagradáveis. Senti então uma dor sutil e delicada no céu da boca, seguida por uma leve dorzinha no polegar com o qual contava os nós do chotki. Meu pulso parecia inflamado e essa impressão espalhou-se pelo braço até o cotovelo, criando uma sensação extremamente agradável. Além disso, todas essas sensações de algum modo me moviam e compeliam a rezar cada vez mais. Assim, nos cinco primeiros dias, recitei fielmente a oração doze mil vezes por dia. À medida que o hábito se tornou mais forte, tornou-se também mais agradável, e vi-me cada vez mais disposto a praticá-lo.

❖ "Quanto mais a chuva cai sobre a terra, tanto mais esta fica macia; o mesmo ocorre com o santo nome de Cristo, quando o invocamos sem pensamentos: quanto mais constantemente o invocamos, tanto mais ele amacia a terra do nosso coração e o enche de alegria e gozo."

— da *Filocalia*: Hesíquio de Jerusalém, *A Teodulo*, 41

Um monge russo

Certa manhã bem cedo, fui inadvertidamente despertado pela oração. Comecei a fazer minhas orações matinais, mas a minha língua recusava-se a recitá-las, ao mesmo tempo em que todo o meu desejo, como que dotado de uma intenção própria, parecia voltado para a recitação da oração de Jesus. Assim que comecei a repeti-la, fui preenchido por tamanha sensação de leveza e alegria que minha língua e meus lábios pareciam proferir as palavras por si mesmos, sem nenhum esforço da minha parte! Passei o dia inteiro envolvido nessa alegria e, de certo modo, distanciado de todas as outras coisas — quase como se estivesse em outro planeta. No início da noite, já havia completado com folga as doze mil recitações. Senti o forte desejo de continuar rezando, mas não ousei exceder a regra que meu stárets me havia determinado. Nos dias seguintes, continuei a invocar o nome de Jesus Cristo com a mesma facilidade e a mesma sensação de atração.

Então visitei o stárets e, com toda honestidade, contei-lhe detalhadamente o que me havia acontecido. Ele ouviu e disse: "Graças a Deus, que a facilidade e o desejo da oração manifestaram-se em ti. É esse o resultado natural da prática freqüente e de um grande esforço. É semelhante a uma máquina capaz de funcionar sozinha por muito tempo, uma vez ativado o seu motor principal; mas, para que continue funcionando, é preciso que o motor seja lubrificado e reativado regularmente. Vês agora quão superiores são as capacidades com que Deus, em seu amor por nós, dotou até mesmo o elemento corpóreo da natureza humana, e quão doces são as sensações que uma alma pode ter, até mesmo fora do estado de graça, até mesmo sendo uma alma pecadora e cheia de paixões impuras, como tu mesmo soubeste por experiência. Mas quão magnífico, quão delicioso e apetecível é o estado daquele a quem o Senhor concede a graça da oração perpétua, que age por si mesma e purifica a alma de suas paixões! Trata-se de um estado indescritível, e a revelação do mistério dessa oração é, na terra, um antegozo da bem-aventurança celeste. Essa revelação é concedida àqueles que buscam o Senhor na simplicidade de um coração repleto de amor! Dou-te agora a liberdade para recitar a prece o quanto quiseres e com a máxima freqüência possível. Procura dedicar à oração cada momento de vigília. Não contes mais o número de repetições, mas invoca o nome de Jesus Cristo, submetendo-te humildemente à vontade de Deus e aguardando

42   O Caminho de um Peregrino

24 Stárets: De certa maneira, o século XIX foi, na Rússia, a era de ouro do monge ancião, ou stárets. A vida monástica fora submetida a um rígido controle por parte do governo no decorrer de todo o século XVIII, a partir da subida ao trono de Pedro, o Grande, em 1721. Por isso, a instituição monástica precisava muito de uma revivificação, que começou a acontecer no final do reinado de Catarina II ("a Grande"), em 1796, em grande medida graças à influência do monge Paissy Velichkovsky (1722-1794).

Velichkovsky saiu ainda jovem de sua casa, na Ucrânia, e partiu em busca de uma espiritualidade verdadeira, que não encontrara nos mosteiros de sua época. Foi ao Monte Atos (ver p. 72), onde passou vários anos e traduziu para o russo diversos textos em grego sobre a oração. Partiu para voltar à Rússia, mas só conseguiu chegar até as montanhas da Valáquia (na atual Romênia), onde se estabeleceu e passou o resto da vida como abade e diretor espiritual de diversos mosteiros, tanto de homens quanto de mulheres. Embora nunca tenha chegado de volta à Rússia, suas traduções, associadas à sua influência em geral, contribuíram para o renascimento monástico do século XIX.

Na época das viagens do Peregrino, esse renascimento já atingira a sua plenitude e muitos mosteiros tinham um ou mais stártsi carismáticos, a quem tanto os monges quanto os leigos se dirigiam para pedir conselhos. Alguns mosteiros eram famosos por abrigar toda uma linhagem de anciãos. Tal foi o caso do Mosteiro de Optina, cujo stárets Amvrossy é tido como o modelo em que Fyodor Dostoievsky se inspirou para criar o personagem do Padre Zossima em *Os irmãos Karamazov*.

25 Sinal-da-cruz: é empregado com freqüência muito maior pelos ortodoxos em geral do que pelos católicos ou anglicanos, e esse fato era especialmente verdadeiro na Rússia, onde esse ato ritual era repetido inúmeras vezes por dia nas mais diversas situações. Quando o Peregrino faz o sinal-da-cruz antes de sair para comprar um exemplar da *Filocalia*, seu ato é o ato típico de uma pessoa piedosa que pede a bênção de Deus para uma atividade à qual vai se dedicar.

No contexto estrito da religião, o sinal-da-cruz não é feito somente ao entrar e sair da igreja, mas também muitas vezes durante os serviços religiosos. É feito de maneira um pouco diferente do que no Ocidente: unem-se o polegar, o indicador e o dedo médio da mão direita, enquanto o anular e o mínimo mantêm-se junto à palma da mão. Os três dedos unidos são levados à testa, à região do plexo solar, ao ombro direito e por fim ao ombro esquerdo, geralmente com uma leve inclinação do corpo.

Primeira Narrativa 43

o Seu auxílio. Creio que Ele não te abandonará, mas colocar-te-á no caminho certo."

Sob a orientação de meu stárets, passei o verão inteiro repetindo continuamente a oração de Jesus. Permaneci em paz, e chegava muitas vezes a sonhar que estava recitando a oração. Quando encontrava outras pessoas durante o dia, todas elas, sem exceção alguma, pareciam-me muito queridas, como se fossem membros da minha família, muito embora eu não me ocupasse delas quando estavam longe. Todos os pensamentos desapareceram como que por si e eu não pensava em mais nada, exceto na oração. Minha mente permanecia recolhida e atenta à prece, ao passo que o meu coração, às vezes, e por sua própria vontade, sentia um calor e uma espécie de prazer. Quando acontecia de eu ir à igreja, o longo ofício monástico parecia-me curto e já não me cansava tanto. Minha cabana solitária assemelhava-se a um esplêndido palácio, e eu não sabia como agradecer a Deus por ter enviado um pecador como eu a um stárets[24], mestre da salvação.

Não pude, porém, desfrutar por muito mais tempo dos sábios conselhos do meu stárets, bondoso e divinamente inspirado, pois ele morreu no fim daquele verão. Quando me despedi dele, em meio às lágrimas, agradeci-lhe pelos paternais conselhos que me havia concedido e implorei-lhe que me desse, a título de bênção e objeto de recordação, o chotki com o qual sempre costumava rezar. E assim fiquei só. Terminou por fim o verão, os frutos da horta foram colhidos e fiquei sem ter onde morar. O camponês desobrigou-me do serviço, pagou-me dois rublos pelo meu trabalho e encheu-me o bornal de pão seco para a jornada. Mais uma vez saí a vagar por diferentes lugares, mas agora estava livre de cuidados em minhas viagens. A invocação do nome de Nosso Senhor Jesus Cristo preenchia os meus dias de alegria, e todas as pessoas que encontrava pareciam-me cada vez mais queridas, como se estivessem cheias de amor por mim.

A certa altura, comecei a perguntar-me o que fazer com o salário que havia ganho pela guarda da horta. Para que precisaria do dinheiro? "Ahá!", pensei. "Descobri! O stárets já não está entre nós e não tenho quem me guie. Portanto, vou comprar para mim um exemplar da *Filocalia* e continuar aprendendo sobre a oração interior." Fiz o sinal-da-cruz[25] e continuei a caminhar e a rezar. Quando cheguei a uma cidade de pro-

[26] Starosta: um leigo encarregado do cuidado de uma igreja. Às vezes, era também o chefe do povoado.

[27] Diz-se que a prática da oração de Jesus divide-se em três "estágios" básicos: (1) primeiro, a oração é repetida inúmeras vezes com os lábios, para que o hábito de recitá-la se forme no corpo; (2) depois, é inserida dentro da mente, mediante um esforço de aprendizado da concentração e da arte de repelir os pensamentos divergentes; (3) por fim, a oração penetra no coração, manifestando-se por si mesma a cada batimento cardíaco do hesicasta.

Paissy Velichkovsky

víncia, procurei nas lojas por um exemplar da *Filocalia*. Encontrei um pelo qual pediam-se três rublos, e eu só tinha dois! Pechinchei por muito tempo, mas o comerciante recusou-se teimosamente a abaixar o preço. Por fim, ele disse: "Vai àquela igreja e fala com o *starosta*[26]. Ele tem um antigo exemplar deste livro; pode ser que queira vendê-lo a ti por dois rublos." Lá fui, e consegui de fato comprar a *Filocalia* por dois rublos! Era um exemplar antigo e gasto, mas vibrei por tê-lo encontrado. Consegui remendá-lo com um retalho de tecido e coloquei-o no meu bornal junto à Bíblia.

Parti de novo, recitando continuamente a oração de Jesus, que se tornara para mim mais doce e preciosa do que qualquer outra coisa no mundo. Havia dias em que eu caminhava setenta e cinco quilômetros ou mais e não sentia o peso da caminhada; só a oração preenchia a minha consciência. Quando o frio era intenso, eu rezava com mais fervor e logo me sentia completamente aquecido. Quando a fome ameaçava sobrepujar-me, eu invocava o nome de Jesus Cristo com renovado vigor e logo a fome era esquecida. Quando me sentia doente e a dor atormentava-me as costas e as pernas, entregava-me à oração e logo estava imune à dor. Quando alguém me ofendia, bastava-me a recordação da doçura da oração de Jesus para que toda mágoa e toda ira desaparecessem; tudo era esquecido. Era como se eu tivesse enlouquecido, pois nada mais me dava cuidados. Nada me interessava; nenhuma das vãs ocupações deste mundo me atraía e tudo o que eu buscava era a solidão. Acostumei-me então a desejar apenas uma coisa: rezar incessantemente, pois era isso que me enchia de alegria. Só Deus sabe o que estava acontecendo comigo! Mas é claro que todas essas coisas não passavam de sentimentos — ou, como diria meu falecido stárets, de hábitos naturais. Entretanto, na minha indignidade e insensatez, eu não me arriscava ainda a aprender e aspirar à prece interior do coração[27]. Eu esperava o cumprimento da vontade de Deus, depositando minhas esperanças nas orações do meu finado stárets. E assim, embora não tivesse ainda alcançado a oração perpétua do coração, que age por si mesma, eu dava graças a Deus! Pois agora compreendia claramente o sentido das palavras do Apóstolo que ouvira: "Orai sem cessar!"

Segunda Narrativa

1 "Por muito tempo vaguei": A vida de peregrinação, como a que levava o narrador, foi uma prática bastante comum na Rússia a partir da era medieval. Os peregrinos (*stranniki*) vagavam entre os mosteiros e santuários e muitas vezes passavam a vida inteira nessas caminhadas. Eram vistos regularmente na zona rural da Rússia.

2 São Inocente de Irkutsk (1680-1731) foi um missionário enviado à Sibéria na época em que a enorme região asiática do país russo ainda mal havia sido ocupada e conhecida. Seu túmulo era um foco de peregrinações.

Irkutsk situa-se na margem oeste do lago Baikal, perto da fronteira da Mongólia, não longe da China. Uma viagem a pé até Irkutsk não é um empreendimento qualquer — partindo da Rússia européia, o Peregrino deve ter caminhado pelo menos três mil e duzentos quilômetros.

Por muito tempo vaguei por diversos lugares, acompanhado sempre pela oração de Jesus, que me encorajava e confortava aonde quer que eu fosse, quem quer que eu encontrasse, o que quer que me acontecesse[1]. Por fim, ocorreu-me que talvez me fosse preferível estabelecer-me por certo período em algum lugar, a fim de ter o tempo e a solidão necessários para estudar a *Filocalia*. Embora eu conseguisse ler trechos dela toda vez que parava para pernoitar ou descansar, ansiava por poder mergulhar nela sem interrupções e, com fé, aprender dela o verdadeiro caminho da salvação por meio da prece do coração.

Entretanto, apesar do meu desejo e em virtude da deficiência que eu tinha no braço esquerdo desde a infância, fui incapaz de encontrar trabalho. Como não tinha meios de manter uma residência permanente, tomei o rumo da Sibéria para visitar o túmulo de São Inocente de Irkutsk[2]. Parecia-me que as florestas e estepes siberianas me garantiriam uma viagem mais tranqüila e silenciosa e tornar-me-iam mais fáceis a oração e a leitura. Assim parti, recitando a oração continuamente com os lábios.

Por fim, depois de pouco tempo, senti que a oração começou a transferir-se, por sua própria vontade, dos meus lábios para o meu coração. Parecia que o meu coração, enquanto batia naturalmente, havia começado de algum modo a repetir dentro de si as palavras da oração no mesmo ritmo dos seus batimentos naturais: (1) Senhor... (2) Jesus... (3) Cristo... e assim por diante. Então, parei de recitar as palavras da oração com os lábios e comecei a ouvir atentamente as palavras do coração, recordando-me de que o meu stárets me prevenira do quanto isso seria agradável. Comecei a sentir uma delicada pontada no coração e meus pensamentos foram tomados por tamanho amor por Jesus Cristo que me parecia que, se eu viesse a vê-lo, lançar-me-ia aos seus pés, abraçá-los-ia e para sempre os beijaria, banhando-os de ternura e de lágrimas. Agradecer-Lhe-ia pelo amor e a misericórdia demonstrados

50 O Caminho de um Peregrino

❖ "A ação da oração de Jesus tem graus. A princípio, ela só age sobre a mente, conduzindo-a a um estado de tranqüilidade e atenção. Depois começa a penetrar no coração, despertando-o do sono da morte e dando a conhecer essa ressurreição pela manifestação, dentro dele próprio, de sentimentos de compunção e pesar. À medida que se aprofunda ainda mais, começa aos poucos a agir sobre todos os membros da alma e do corpo, a expulsar o pecado de todas as partes do ser e a destruir em toda parte o domínio, a influência e o veneno dos demônios. Por isso, segundo São Gregório, o Sinaíta, as primeiras ações da oração de Jesus acarretam "uma contrição indizível e uma inefável dor da alma".

— Ignatius Brianchaninov, *On the Prayer of Jesus*, p. 35

ao conceder, por Seu nome, essa consolação a esta criatura indigna e pecadora!

Então, um calor de salvação começou a encher o meu coração e parecia espalhar-se pelo meu peito. Esse calor moveu-me especialmente a ler com atenção a *Filocalia*, tanto para confirmar as sensações que eu vinha tendo quanto para aumentar o meu conhecimento da oração do coração. Eu tinha medo de que, sem essa confirmação, eu me rendesse à ilusão ou confundisse uma atividade natural com a ação da graça, sucumbindo assim ao orgulho de que o stárets me falara, que assedia os que alcançam rapidamente esse tipo de oração.

Assim, passei a andar principalmente à noite e a passar os dias sentado sob as árvores da floresta, lendo a *Filocalia*. Ah, quantos conhecimentos novos, quanta sabedoria que eu jamais possuíra me foram revelados por intermédio desse livro! Quando comecei a pô-lo em prática, tive uma sensação de doçura e suavidade que antes eu jamais poderia ter imaginado. Embora seja verdade que algumas passagens não fossem imediatamente inteligíveis para a minha mente limitada, os efeitos da oração do coração esclareciam o quanto não me era possível compreender. Às vezes, meu stárets aparecia-me em sonhos e explicava-me muitas coisas. Acima de tudo, inclinava à humildade a minha alma ignorante. Naquele verão, por mais de dois meses vivi nesse estado de bem-aventurança enquanto caminhava pelas florestas e estradas vicinais. Quando chegava a um povoado, pedia um punhado de sal e um pouco de pão seco para encher-me o bornal. Enchia então a minha cabaça de água e continuava caminhando por mais quase cento e dez quilômetros.

Por muito tempo andei pelas florestas e só de raro em raro chegava a um pequeno povoado. Às vezes, passava o dia inteiro sentado na floresta, estudando cuidadosamente a *Filocalia* e aprendendo nela muitas coisas maravilhosas. Meu coração abrasava-se no desejo de união com Deus por meio da oração interior, que eu buscava realizar de acordo com a orientação e a confirmação da *Filocalia*. Não obstante, eu também sofria por ainda não ter encontrado uma residência permanente onde pudesse passar todo o meu tempo a ler em paz.

Frontispício da quarta edição da tradução russa da Filocalia, chamada Dobrotolubiye. A silhueta na parte de baixo da página representa os contornos do Monte Atos (ver p. 72).

Nessa época, eu também lia a minha Bíblia e sentia que estava começando a compreendê-la melhor do que antes, quando havia muitas coisas que eram obscuras e enigmáticas para mim. Como tinham razão os Padres quando diziam que a *Filocalia* é a chave que nos franqueia o acesso aos mistérios da Sagrada Escritura! Sob a orientação dela, comecei a compreender certos aspectos do sentido oculto da Palavra de Deus. Eram-me revelados os significados de palavras como "o homem que está escondido no coração", "verdadeira oração", "adoração em espírito", "o Reino dos Céus está dentro de vós", "a intercessão do Espírito Santo com gemidos inefáveis", "permanecei em Mim", "dai-me o vosso coração", "revesti-vos de Cristo", "os esponsais do Espírito com os nossos corações", a invocação "Abba, Pai!" que sai do coração, e outras. À medida que começava então a rezar com o coração, todas as coisas ao meu redor transformavam-se de maneira maravilhosa: as árvores, a relva, os pássaros, o solo, o ar, a luz — todos pareciam proclamar que existiam para o homem e davam testemunho do amor de Deus pelo ser humano. Toda a criação ora a Deus e canta os Seus louvores. Com isso, compreendi aquilo que a *Filocalia* chama de "conhecimento da linguagem de toda a criação", e vi de que maneira é possível ao homem comunicar-se com todas as criaturas de Deus.

Assim viajei por muito tempo até que, por fim, encontrei-me numa região tão desabitada que por três dias não vi um único povoado. Eu já havia comido todo o meu pão seco e tive medo de morrer de fome. Porém, assim que começava a rezar, todo o desespero desaparecia. Entreguei-me totalmente à vontade de Deus e fiquei cheio de alegria e paz. Enquanto andava por um trecho de estrada que corria próximo à floresta, um cão de raça indefinida saiu de entre as árvores à minha frente. Quando o chamei, aproximou-se de mim e começou a brincar comigo afetuosamente. Fiquei cheio de alegria e pensei comigo; "Ora, eis aí a misericórdia de Deus para ti! Deve haver um rebanho pastando nessa floresta, e é claro que este cão tão bem treinado pertence ao pastor; Ou talvez haja um caçador nos arredores. Seja como for, poderei mendigar dele um pouco de pão — pois não como há vinte e quatro horas. Ou poderei ao menos perguntar-lhe onde fica o povoado mais próximo."

O cão ficou pulando ao meu redor e, quando percebeu que eu nada tinha para lhe dar, correu de volta para a floresta e tomou a mesma

54   O Caminho de um Peregrino

❖ "No começo, a prática da oração de Jesus mostra-se extraordinaria-
mente seca e dá a impressão de que não vai produzir fruto algum. À
medida que a mente se esforça para unir-se com o coração, a primeira
coisa que ela encontra é uma escuridão impenetrável, uma dureza e uma
morte do coração, que não é facilmente levado a se compadecer da
mente. Esse fato não deve causar desânimo nem covardia; nós o men-
cionamos porque um homem prevenido vale por dois. O trabalhador paciente e diligente não deixará de ser satisfeito e consolado; regozijar-se-
á com uma abundância infinita de frutos espirituais, dos quais é absolutamente incapaz de formar uma concepção enquanto permanece em seu
estado carnal e natural."

— Ignatius Brianchaninov, *On the Prayer of Jesus*, p. 35

3 Pão e sal: os símbolos russos da hospitalidade, tradicionalmente ofere-
cidos aos hóspedes quando da sua chegada.

vereda pela qual havia saído. Segui-o e, ao cabo de mais ou menos quinhentos metros, vi que o cão havia corrido para uma abertura entre as árvores, de onde olhava para mim e latia.

Naquele mesmo instante, um camponês magro, pálido, de meia-idade, saiu de trás de uma árvore. Perguntou-me como eu chegara ali e eu lhe perguntei a mesma coisa. Começamos a conversar amigavelmente e ele me convidou a ir à sua cabana. Disse-me que era guarda-florestal e estava tomando conta daquela parte da floresta, que havia sido vendida para que as árvores fossem derrubadas e sua madeira, aproveitada. Ofereceu-me pão e sal[3] e começamos a dialogar. "Invejo-te", disse-lhe, "porque vives em tão tranqüila solidão, tão afastado de todas as pessoas, ao passo que eu vago de lugar em lugar e tenho comércio com todo tipo de gente."

"Se quiseres", disse-me, "poderás talvez viver aqui também. Não muito longe, há uma velha choça de pau-a-pique que pertencia ao antigo guarda. É claro que está semi-arruinada, mas é habitável no verão. Tens um passaporte e teremos pão suficiente para comer; toda semana, os aldeões mandam-me pão. Há aqui um riozinho que nunca seca. Já faz dez anos, irmão, que eu mesmo não como nada exceto pão e não bebo nada exceto água. Mas há um porém: no outono, quando os camponeses tiverem terminado de trabalhar a terra, cerca de duzentos deles virão até aqui para derrubar todas as árvores desta floresta. Então já não terei o que fazer aqui e tampouco tu poderás permanecer neste lugar."

Quando ouvi tudo isso, fiquei tão cheio de contentamento que tive vontade de lançar-me aos seus pés. Eu não sabia como agradecer a Deus por mostrar-me tanta misericórdia. Tudo aquilo que eu desejara e pelo qual ansiara me era dado de imprevisto. Havia ainda mais de quatro meses até o fim do outono. Lá eu encontraria a paz e a solidão de que precisava para ler atentamente a *Filocalia* e aprender a alcançar a oração perpétua do coração. Estabeleci-me alegremente na choça da qual ele havia falado, pelo tempo que lá me fosse dado viver. Antes, porém, conversei um pouco mais com esse irmão tão simples que me oferecera abrigo, e ele contou-me sobre sua vida e seus pensamentos.

"No povoado onde morava", disse, "eu tinha uma boa posição: tingia algodão e linho para viver. Minha vida era próspera, mas não sem

56 O Caminho de um Peregrino

❖ "A *Filocalia* é um itinerário para percorrermos o labirinto do tempo; é um caminho silencioso de amor e gnose que transpõe os desertos e vazios da vida, especialmente da vida moderna; é uma presença vivificante e imarcescível. É uma força ativa que revela um caminho espiritual e estimula o homem a seguir esse caminho. É um chamado para que o homem supere sua ignorância, descubra o conhecimento que jaz adormecido dentro de si, liberte-se da ilusão e torne-se receptivo à graça do Espírito Santo que ensina todas as coisas e traz à memória todas as coisas."

— G. E. H. Palmer, Philip Sherrard e Arquimandrita Kallistos Ware, da introdução a *The Philokalia: The Complete Text*, volume 1

4 Prostrações: movimentos rituais nos quais o adorador se ajoelha e encosta a fronte no chão. São um elemento comum da piedade religiosa ortodoxa e são realizadas freqüentemente nos serviços litúrgicos, tanto por pessoas isoladas quanto por toda a congregação, particularmente durante a Quaresma. Também são feitas — como no caso do guarda-florestal — em particular, como forma de oração e meio de expressão do arrependimento e da humildade. Os russos piedosos chegam a fazer até cem prostrações, ou ainda mais, em sua regra diária de oração.

5 Correntes de ferro: um método extremo de ascese, não de todo incomum, que tem a finalidade de subjugar o corpo e as paixões. Essas correntes geralmente consistiam numa pesada cruz de ferro gravada com certas inscrições e ligada a correntes postas sobre os ombros, diretamente sobre a pele.

pecado. Às vezes, eu era desonesto nos negócios e jurava falso; praguejava, tomava bebidas alcoólicas e brigava. Havia no nosso povoado um velho diácono que tinha um livro ainda mais velho sobre o Juízo Final. Em troca de dinheiro, ele visitava os fiéis e lia-lhes trechos do livro. Ele também costumava ir à minha casa. Por dez copeques, era capaz de ler a noite inteira, até o galo cantar. Então, eu me sentava para trabalhar e ouvia-o ler sobre os tormentos que nos aguardam no inferno, sobre o modo pelo qual os vivos seriam transformados e os mortos ressuscitados, sobre a descida de Deus para julgar-nos, sobre a trombeta soprada pelos anjos, sobre o fogo, o enxofre e os vermes que devorarão os pecadores. Certa vez, enquanto ouvia essas coisas, fiquei com medo e pensei comigo mesmo: 'Não tenho como escapar a esse tormento! Talvez seja tempo de começar a salvar a minha alma — talvez até consiga, pela oração, me purificar dos meus pecados.' Pensei nisso por muito tempo e decidi me desfazer do meu negócio. Como não tinha parentes vivos, vendi minha casa e tornei-me guarda-florestal em troca de pão, vestimentas e velas para as minhas orações, todos fornecidos pelo conselho da aldeia.

"E é assim que tenho vivido aqui há mais de dez anos. Como uma vez por dia, somente pão e água. Acordo todo dia ao cantar do galo e faço minhas orações e prostrações[4] até o nascer do sol, acendendo sete velas perante os ícones. Durante o dia, quando percorro a floresta, envergo junto à pele correntes de ferro que pesam mais de trinta quilos[5]. Não rogo mais pragas, nem tomo bebida alcoólica, nem brigo, e em toda a minha vida nunca me envolvi com mulheres.

"No começo, eu preferia este tipo de vida que levo, mas ultimamente tenho sido constantemente atacado por pensamentos. Sabe Deus se realmente é possível purificar-se dos pecados pela oração. E esta vida é bem dura, como bem sabes. Além disso, será realmente verdade o que diz o livro — que os mortos serão ressuscitados? Um homem que morreu há cem anos ou mais — ora, já não resta dele nem sequer um grão de poeira. A propósito, quem é que sabe se o inferno existe mesmo — estou certo ou estou errado? Ora, ninguém jamais ressuscitou dos mortos! Parece-me que, quando o homem morre, ele apodrece e desaparece sem deixar vestígios. É possível que aquele livro tenha sido escrito por algum sacerdote, por uma alta autoridade, para meter medo em tolos

58   O Caminho de um Peregrino

6 Hesíquio: Hesíquio de Jerusalém (m. em 432-33), sacerdote, mestre e pregador palestino, discípulo do famoso São Gregório, o Teólogo. Provavelmente, o Peregrino está lendo um capítulo dos seus "Textos acerca da Sobriedade e da Oração para a Salvação da Alma".

❖ "Até há pouco tempo, os teólogos ocidentais alimentavam fortes suspeitas contra o hesicasmo atonita e consideravam-no perigoso, até mesmo herético. O aprofundamento dos estudos e o conhecimento mais direto das formas extra-ocidentais de espiritualidade fizeram com que o hesicasmo passasse a ser visto como algo um pouco menos extravagante. Já não temos a necessidade de repetir os chavões escandalizados daqueles que pensam que os hesicastas praticam a auto-hipnose, ou dos que acreditam que, na melhor das hipóteses, os monges de Atos dedicam-se a uma espécie de yoga ocidental.

"A oração de Jesus, dada a conhecer aos leitores ocidentais pelos *Relatos de um Peregrino Russo* — sem dúvida alguma, um dos maiores clássicos da literatura sobre a oração —, já não é praticada somente pelos personagens dos romances de Salinger, mas também, às vezes, até por monges ocidentais."

— Thomas Merton, *Mystics and Zen Masters* (Nova York: Farrar, Straus & Giroux, 1967), p. 180

como nós e deixar-nos ainda mais humildes. A vida, tal como é, já é cheia de sofrimentos e desprovida de consolações — e a outra vida na verdade não existe. Então, para que tudo isto? Não será melhor ficar tranqüilo, pelo menos nesta vida, e·gozar do que nos é possível? "Esses pensamentos me atormentam", continuou, "e fico a pensar se não devo simplesmente voltar ao meu antigo ramo de trabalho."

Ouvindo-o falar, compadeci-me e pensei comigo: dizem que somente os letrados e os inteligentes caem presa do livre-pensamento e da descrença absoluta. Mas eis aqui um de nós — um simples camponês — e quantas dúvidas não é ele capaz de alimentar! Parece que os poderes das trevas ganharam acesso a toda gente, e talvez tenham até mais facilidade para atacar as pessoas simples. O homem deve adquirir sabedoria e fortalecer-se ao máximo, com a Palavra de Deus, contra o inimigo espiritual.

Na tentativa de ajudar esse irmão e fortalecer o quanto possível a sua fé, tirei a *Filocalia* do meu bornal, abri-a no capítulo 109 da obra do venerável Hesíquio[6] e li-o para ele. Expliquei-lhe então que abster-se do pecado por puro e simples medo do castigo é uma tarefa inútil e infrutífera. "A alma não pode libertar-se dos pecados do pensamento senão pela guarda da mente e pela pureza do coração, ambas as quais se realizam pela oração interior. Além disso", acrescentei, "os Santos Padres dizem que os esforços daqueles que pelejam pela salvação por medo dos tormentos do inferno, ou mesmo somente pelo desejo de entrar no Reino de Deus, são mercenários. Eles dizem que o medo do sofrimento é a via do servo, ao passo que o desejo da recompensa no Reino é a via do mercenário. Mas o que Deus quer é que nos aproximemos dele como filhos; que sejamos sinceros e tenhamos no coração e na alma o gozo da união redentora com Ele — mas somente por amor e devoção a Ele. Por mais que te extenues com trabalhos e esforços exteriores, se não conservares a recordação de Deus na mente e a oração de Jesus no coração, esses pensamentos jamais te deixarão em paz, e sempre te deixarás facilmente levar pelo pecado — até mesmo pelas menores tentações.

"Por que não começas a praticar a oração de Jesus?", disse-lhe. "Com a solidão em que vives, ser-te-ia possível e até fácil praticá-la, e seus benefícios se farão sentir em pouquíssimo tempo. Nenhum pensamento ímpio te perturbará, e adquirirás a fé em Jesus Cristo e o amor por

60 O Caminho de um Peregrino

❖ "Muitas vezes li a oração de Jesus em livros de oração e a ouvi na igreja, mas a minha atenção foi atraída por ela pela primeira vez há muitos anos, na Romênia. Lá, no pequeno Mosteiro de Smbata, encravado no sopé dos Cárpatos em meio a uma densa floresta, com sua igrejinha branca refletindo-se num cristalino lago de montanha, conheci um monge que praticava a 'oração do coração'. Naquela época, reinavam em Smbata uma paz e um silêncio profundos; era um lugar de repouso e de força — e peço a Deus que ainda seja.

"Caminhei muito desde a última vez que estive em Smbata, e durante todo esse tempo a oração de Jesus permaneceu latente, como uma dádiva preciosa enterrada no meu coração. Ela permaneceu inativa até há alguns anos, quando li *O Caminho de um Peregrino*. Depois disso, tenho procurado praticá-la continuamente. Às vezes não consigo; mesmo assim, a oração abriu panoramas indescritíveis dentro do meu coração e da minha alma."

— Madre Alexandra do Mosteiro da Santa Transfiguração
(Princesa Ileana da Romênia)

7 I Coríntios 12:31

8 I Tessalonicenses 5:19

Ele. Então saberás como os mortos serão ressuscitados e terás a graça de compreender como será de fato o Juízo Final. Com a oração, teu coração estará tão livre de cuidados e tão cheio de alegria que ficarás pasmo. Não mais te sentirás sozinho, e já não duvidarás da utilidade dos esforços que envidas em vista da tua salvação."

Expliquei-lhe então como começar a recitar a oração de Jesus e como repeti-la continuamente, segundo a instrução da Palavra de Deus e a doutrina dos Santos Padres. Ele pareceu disposto a cumprir o que lhe foi dito e ficou muito mais calmo. Então, despedi-me dele e fechei-me na antiga choça de barro de que me falara.

Meu Deus! Quanta alegria, quanta paz, quanto contentamento conheci no instante em que pus os pés naquela "caverna" — ou melhor, "túmulo". Parecia-me o mais magnífico palácio, cheio de todo gozo e consolação. Agradeci a Deus com lágrimas de júbilo e pensei: "Bem, agora, com tamanha paz e tranquilidade, tenho de tornar com seriedade à minha tarefa, pedindo ao Senhor que me oriente." Passei então a ler a *Filocalia* com muito cuidado, na ordem, do primeiro ao último capítulo. Não levei muito tempo, e percebi quão grandes são a sabedoria, a santidade e a profundidade desse livro. Não obstante, ele tratava de tantos e tão diversos temas e continha tantas doutrinas diferentes que fui incapaz de compreender tudo e de alinhavar num só conjunto o quanto queria aprender, especialmente acerca da oração interior, de modo que pudesse extrair dela o conhecimento de como alcançar a prece perpétua do coração que age por si mesma. Eu ansiava por esse conhecimento, seguindo o mandamento de Deus expresso pela boca do Seu apóstolo: "Aspirai, pois, aos dons melhores"[7], e ainda: "Não extingais o Espírito."[8]

Por muito tempo refleti sobre o assunto. O que fazer? Atormentaria o Senhor com orações; talvez ele me iluminasse de algum modo. Assim, nada fiz exceto rezar nas vinte e quatro horas seguintes, sem parar sequer por um instante. Meus pensamentos se acalmaram e mergulhei no sono. Num sonho, vi-me sentado na cela de meu finado stárets. Estava ele a explicar-me a *Filocalia*, dizendo: "Este livro santo é repleto de grande sabedoria. É uma arca mística que guarda os sentidos dos juízos ocultos de Deus. Não é acessível a todos nem a qualquer um em qualquer parte, mas oferece instruções segundo a medida do entendimento de cada lei-

62 O Caminho de um Peregrino

9 Os que desejam ler a *Filocalia* segundo a ordem aqui indicada devem ler *Writings from the Philokalia on the Prayer of the Heart*, traduzido do russo para o inglês por E. Kadloubovsky e G. E. H. Palmer (Londres: Faber & Faber, 1979). Esse volume contém todos os textos prescritos, já na ordem recomendada.

10 Nicéforo, o Solitário: ver p. 36.

11 São Gregório do Sinai: ver p. 34.

12 São Simeão, o Novo Teólogo: ver p. 32.

13 Calisto e Inácio: ver p. 34.

tor. Assim, aos sábios oferece uma sábia orientação, ao passo que aos simples dá uma orientação igualmente simples. É por isso que vós, os simples, não deveis lê-lo capítulo por capítulo, na ordem em que os ensinamentos dos diversos Santos Padres aparecem no livro.[9]

"Lê primeiro o livro de Nicéforo, o Solitário (na parte 2)[10]; depois, lê o livro inteiro de São Gregório do Sinai[11], à exclusão dos capítulos mais curtos; depois, o tratado de São Simeão, o Novo Teólogo[12], sobre os três tipos de oração, e o seu Discurso sobre a Fé; por fim, o livro de Calisto e Inácio[13]. As obras desses Padres contêm toda a instrução e a doutrina da oração interior e podem ser compreendidas por todos.

"Então, se quiseres um ensinamento ainda mais claro sobre a oração, busca na seção 4 o resumo dos métodos de oração escrito por Calisto, o Santo Patriarca de Constantinopla." No meu sonho, eu tinha a *Filocalia* nas mãos e comecei a procurar por essa passagem, mas não conseguia encontrá-la. O stárets tomou-me o livro das mãos, virou-lhe as páginas e disse: "Aqui está! Vou marcar o lugar para ti." Pegou do chão um carvão e fez uma marca na margem, perto do trecho de que se tratava. Ouvi cuidadosamente tudo quanto o stárets me disse e procurei me lembrar de tudo, tão detalhadamente quanto possível. Como ainda era noite quando acordei, permaneci deitado no meu leito, repassando mentalmente todos os detalhes do sonho e o quanto o stárets me havia dito. Por fim, comecei a pensar: "Só Deus sabe se foi de fato a alma do meu finado stárets que me apareceu no sonho, ou se tudo não passou de uma criação da minha mente, já que penso tanto nele e na *Filocalia*."

Ainda perplexo, saí da cama, pois a aurora começava a despontar. E o que vi? Olhei para a pedra que me servia à mesa e lá vi a *Filocalia* aberta na página exata que o stárets me indicara no sonho, com a mesma marca de carvão que fizera, tal e qual eu sonhara — até o carvão ainda estava ao lado do livro! Isso me espantou, pois eu me lembrava claramente de que não deixara o livro naquele lugar na noite anterior; na verdade, eu o envolvera num pedaço de tecido e o colocara ao lado da minha cabeceira antes de dormir. Além disso, eu tinha certeza de que não havia marca alguma ao lado daquela passagem em particular. Esse incidente terminou por convencer-me da realidade do meu sonho, e soube assim que o meu stárets, de feliz memória, havia encontrado graça aos olhos de Deus.

64 O Caminho de um Peregrino

❖ "Os textos da *Filocalia* foram escritos por pessoas e para pessoas que participavam ativamente não só da estrutura sacramental e litúrgica da Igreja Ortodoxa, mas também da tradição monástica ortodoxa. Por isso, pressupõem condições de vida radicalmente diferentes daquelas em que hão de encontrar-se a maioria dos leitores desta tradução inglesa. Acaso isso significa que os conselhos contidos nos textos só podem ser postos em prática dentro de um ambiente monástico? Muitos autores hesicastas dizem que não, e o próprio São Nicodemos, na introdução à *Filocalia* original, esforça-se por todos os meios para deixar claro que a 'oração perpétua' pode ou, antes, deve ser praticada por todos. Como seria de se esperar, a vida monástica proporciona certas condições — como o silêncio, a solidão e a regularidade — indispensáveis para a concretização daquela concentração sem a qual a alma é incapaz de avançar muito no caminho espiritual. Mas, uma vez atendida a condição básica de participação ativa na vida sacramental e litúrgica da Igreja, esse caminho encontra-se aberto para todos, cada qual segundo a plenitude da sua capacidade, quaisquer que sejam as circunstâncias de sua vida. Com efeito, sob este aspecto, a distinção entre a vida monástica e a 'vida no mundo' é totalmente relativa: todo ser humano, pelo fato mesmo de ter sido criado à imagem de Deus, é chamado a ser perfeito, é chamado a amar a Deus de todo o seu coração, de toda a sua alma, de todo o seu espírito. Nesse sentido, todos têm a mesma vocação e todos devem seguir o mesmo caminho espiritual."

— G. E. H. Palmer, Philip Sherrard e Arquimandrita Kallistos Ware,
da introdução a *The Philokalia: The Complete Text*, volume 1

Assim, comecei a ler a *Filocalia* na exata ordem que o stárets me indicara. Li os textos uma primeira e uma segunda vez, e minha alma abrasava-se no desejo e no anseio de experimentar em si mesma tudo o que eu havia lido. O significado da oração interior revelou-se claramente ao meu entendimento: como ela podia ser alcançada, quais eram os seus frutos, o modo pelo qual ela alegra a alma e o coração, e como discernir se essa doce alegria vem de Deus, de causas naturais ou da ilusão da própria alma.

Assim, comecei por buscar o local do coração, segundo os ensinamentos de São Simeão, o Novo Teólogo. Fechei os olhos e olhei mentalmente para o coração; procurei visualizá-lo no lado esquerdo da cavidade torácica e ouvi atentamente os seus batimentos. Comecei a fazer esse exercício por meia hora, várias vezes ao dia. A princípio, não via nada exceto uma total escuridão; mas logo formou-se em minha mente uma imagem do meu coração, acompanhada do som de seus batimentos naturais. Comecei então a recitar a oração de Jesus no coração, no ritmo da minha respiração, como ensinam São Gregório do Sinai, Calisto e Inácio: em específico, concentrando a mente no coração enquanto o visualizava, ao inspirar eu dizia: "Senhor Jesus Cristo", e ao expirar: "Tem misericórdia de mim." No começo, eu fazia esse exercício por uma ou duas horas. Na medida do meu progresso, fui aumentando o tempo até ser capaz de dedicar-me ao exercício quase o dia inteiro. Sempre que a fadiga, a preguiça ou a dúvida me assediavam, eu passava imediatamente a ler a *Filocalia*, especialmente as passagens que tratam da obra do coração; e o desejo e o anseio voltavam a tomar conta de mim.

Depois de cerca de três semanas, comecei a sentir uma espécie de dor no coração, seguida por um delicioso calor, alegria e paz. Isso cada vez mais me motivava e abrasava o meu desejo de praticar a oração com mais diligência, de maneira que eu não pensava em mais nada e estava repleto de um imenso júbilo. A partir de então, eu às vezes tinha sensações diferentes no coração e na mente. Às vezes o meu coração borbulhava com tão doce prazer e preenchia-se de tamanha leveza, liberdade e consolação que eu me sentia totalmente transformado e arrebatado. Em outras ocasiões, eu era consumido por um amor ardente por Jesus Cristo e por toda a criação de Deus. De quando em quando, meus olhos derramavam espontaneamente doces lágrimas de gratidão ao Senhor,

66 O Caminho de um Peregrino

14 O "dom das lágrimas", que é um dom sobrenatural, é mencionado com muita freqüência nos textos espirituais ortodoxos. Eis um trecho da *Filocalia* sobre este tema, tirado dos *Tratados Místicos* de Santo Isaac de Nínive:

> Os frutos do homem interior só têm início com o correr das lágrimas. Quando chegares à morada das lágrimas, fica ciente de que o teu espírito saiu da prisão deste mundo e firmou o pé no caminho que leva ao século futuro. Nesse momento, teu espírito começa a respirar da atmosfera maravilhosa que lá existe e começa a derramar lágrimas. Chegou a hora de nascer a criança espiritual, e o trabalho de parto torna-se intenso. A Graça, mãe comum de todos nós, apressa-se a parir misticamente a alma, imagem de Deus, gerando-a para a luz do século futuro. E, quando chega a hora desse nascimento, o intelecto começa a captar algo das coisas do outro mundo — como um vago perfume, ou como o sopro da vida que o recém-nascido recebe em seu corpo. Mas nós não estamos acostumados com uma tal experiência; e, com a dificuldade de suportá-la, nosso corpo é tomado de súbito por um correr de lágrimas entremeado de alegria.

15 De Lucas 17:20-21: "E, tendo-lhe feito os fariseus esta pergunta: 'Quando virá o reino de Deus?', respondendo-lhes, disse: 'O reino de Deus não virá com aparato, nem se dirá "Ei-lo aqui", ou "Ei-lo acolá"; porque eis que o reino de Deus está dentro de vós.'"

pela misericórdia que demonstrou para com este pecador[14]. E ainda, vez por outra, meu entendimento, outrora tão obtuso, iluminava-se a tal ponto que eu de súbito era capaz de ponderar e compreender com facilidade coisas que antes jamais teria imaginado. Às vezes, o doce calor do meu coração transbordava e espalhava-se por todo o meu ser, de maneira que eu percebia com ternura a presença de Deus em todas as coisas ao meu redor. Em certos momentos, eu sentia no interior uma imensa alegria por invocar o nome de Nosso Senhor Jesus Cristo, e comecei então a compreender verdadeiramente o sentido de Suas palavras: "O Reino de Deus está dentro de vós."[15]

Enquanto eu sentia estas e outras doces consolações, notei que os efeitos da oração do coração se manifestam de três modos: no espírito, nos sentimentos e nas revelações. No espírito, há a doçura do amor de Deus, a paz interior, o arrebatamento da mente, a pureza de pensamentos e a deliciosa recordação de Deus. Nos sentimentos há um agradável calor no coração, um suave deleite que preenche todos os membros, o coração que transborda de júbilo, uma leveza e uma vitalidade interiores, o gosto de estar vivo e um desapego íntimo de todas as enfermidades e ofensas. As revelações proporcionam a iluminação do intelecto, a compreensão da Sagrada Escritura, o conhecimento da linguagem de todas as criaturas, a liberdade em relação à ansiedade e a todos os cuidados, o gosto das suaves delícias da vida espiritual e a convicção da íntima presença de Deus e do Seu amor por nós.

Passei cerca de cinco meses em solidão, dedicado à prática da oração e gozando das experiências que acabei de descrever. Acostumei-me de tal modo à oração do coração que a praticava continuamente, até que por fim comecei a sentir que a mente e o coração começaram a agir e a recitar a oração sem que eu tivesse de fazer qualquer esforço. Essa atividade continuava não somente durante as horas de vigília, mas até mesmo durante o sono, e nada podia interrompê-la. Não parava sequer por um instante, qualquer que fosse o assunto com o qual eu estivesse ocupado. Minha alma encheu-se de gratidão pelo Senhor, enquanto meu coração permanecia em júbilo perpétuo.

Veio a época da derrubada da floresta e os trabalhadores começaram a chegar. Chegara também, com isso, a hora de sair do meu solitá-

68   O Caminho de um Peregrino

❖   "Por isso, desde os tempos antigos, os que eram zelosos da sua salvação e experimentados na vida espiritual — pela inspiração de Deus e sem deixar de lado o esforço ascético — descobriram outra maneira de aquecer o coração, a qual transmitiram para que outros também a empregassem. Ela parece mais simples e mais fácil, mas na verdade não é menos difícil de levar a cabo. Esse atalho para a consecução do nosso objetivo é a prática devota da oração íntima ao nosso Senhor e Salvador. Eis como deve ser feita: volta a mente e a atenção para o coração, na certeza de que o Senhor está muito perto e te ouve, e invoca-o com fervor: 'Senhor Jesus Cristo, tem misericórdia de mim.' Faze-o constantemente, na igreja e em casa, nas viagens, no trabalho, à mesa e no leito noturno — em suma, do momento em que abrires os olhos à hora em que os fechares. Trata-se de algo semelhante ao ato de expor um objeto ao sol, porque estás expondo a ti mesmo perante a face do Senhor, que é o Sol do mundo espiritual. No começo, deves dedicar uma parte do teu tempo, à noite e de manhã, exclusivamente à prática dessa oração. Depois verás que a oração começará a dar seus frutos, à medida que tomar conta do coração e nele for se arraigando profundamente."

— Bispo Teófano, o Recluso (Rússia, 1815-1891)

16   Irkutsk: ver p. 48.

17   Salmo 104:24.

rio abrigo. Agradeci ao guarda-florestal, fiz uma oração e ajoelhei-me para beijar aquele pedaço de chão que Deus dera por morada a alguém como eu, tão pouco merecedor da Sua misericórdia. Enverguei às costas o bornal com os livros e parti em nova jornada.

Por muito tempo vaguei por diversos lugares antes de chegar a Irkutsk[16]. A oração espontânea do coração foi o meu consolo e a minha alegria no decorrer de toda a jornada e de todos os encontros que tive. Jamais deixou de deliciar-me, posto que em diversas medidas. Onde quer que eu estivesse, o que quer que fizesse, ela nunca me estorvava e nunca foi de modo algum diminuída. Quando eu trabalhava, a oração fluía sozinha do meu coração e o trabalho parecia transcorrer mais depressa. Quando eu ouvia algo com atenção ou dedicava-me à leitura enquanto a oração continuava a operar ininterruptamente, eu tinha consciência simultânea das duas coisas, como se tivesse sido dividido em dois ou como se houvesse duas almas num só corpo. Ó meu Deus! Como o homem é misterioso! "Quão magníficas são as tuas obras, Senhor! Fizeste com sabedoria todas as coisas."[17]

Minhas viagens também foram repletas de muitas experiências e incidentes maravilhosos. Se eu tivesse de contá-los todos, vinte e quatro horas não seriam suficientes!

Na primavera, cheguei a um povoado onde encontrei pousada por uma noite na casa de um sacerdote. O sacerdote era homem muito bondoso e vivia sozinho, de maneira que acabei passando três dias com ele. Ao cabo desse período, em que ele começou a me conhecer melhor, disse-me: "Fica aqui comigo. Preciso de um homem honesto, e estou disposto a pagar-te. Vês que estamos construindo uma nova igreja, de pedra, ao lado da antiga, de madeira. Não encontrei ainda um homem de confiança que ficasse encarregado de sentar-se na igreja velha para receber os donativos votados à construção do novo edifício. Poderias fazer isso, e o cargo não seria incompatível com o teu modo de vida, uma vez que te permitiria sentar-te sozinho na capela para rezar. Temos até uma pequena cabine separada onde o encarregado pode acomodar-se. Fica, por obséquio, pelo menos até que a nova igreja esteja cons-

70 O Caminho de um Peregrino

18 Dias de festa: isso significa que o Peregrino teria sido interrompido com bastante freqüência no decorrer de um ano, nas seguintes doze festas principais da Igreja ortodoxa:

- Natividade da Virgem Maria: 8 de setembro
- Exaltação da Santa Cruz: 14 de setembro
- Apresentação da Virgem Maria no Templo: 21 de novembro
- Natividade de Nosso Senhor Jesus Cristo (Natal): 25 de dezembro
- Teofania ou Batismo de Nosso Senhor Jesus Cristo (Epifania): 6 de janeiro
- Apresentação de Nosso Senhor Jesus Cristo no Templo (Purificação de Maria): 2 de fevereiro
- Anunciação: 25 de março
- Domingo de Ramos: uma semana antes da Páscoa
- Ascensão: quarenta dias depois da Páscoa
- Pentecostes: cinqüenta dias depois da Páscoa
- Transfiguração de Nosso Senhor Jesus Cristo: 6 de agosto
- Dormição da Virgem Maria (Assunção): 15 de agosto

Além disso, grandes multidões iam à igreja na Páscoa (*Pascha*) e nas semanas que a antecediam, bem como no dia da festa do santo padroeiro da igreja ou nas festas e memórias de outros santos populares.

É interessante observar que, até a Revolução, a Rússia inteira usava ainda o calendário juliano, o qual, em meados do século XVIII, já fora suplantado, tanto na Europa quanto nas Américas, pelo calendário gregoriano, mais preciso e agora universalmente usado para a contagem do tempo secular no mundo inteiro. Embora o calendário juliano (cujo nome vem de Júlio César, e que foi adotado pelos romanos em 46 a.C.) seja praticamente idêntico ao gregoriano (que tira o seu nome do Papa Gregório XIII, que promulgou-o em 1582), o fato de não levar em conta as cerca de seis horas "a mais" que constituem cada ano solar faz com que se atrase um pouco a cada ano. No século XIX, já estava doze dias atrás do calendário gregoriano (e hoje, no começo do século XXI, está treze dias atrasado). Assim, por exemplo, quando o Peregrino comemorava o Natal em 25 de dezembro, já era o dia 6 de janeiro na maior parte do mundo. A Igreja Ortodoxa Russa ainda adota o calendário juliano para o uso litúrgico, mas a maior parte das igrejas ortodoxas em outros lugares segue o calendário gregoriano.

19 É quase certo que o pai da jovem pertencia a um dos grupos conhecidos em seu conjunto como Velhos Crentes, ou *raskolniki*.

truída." Procurei eximir-me dessa tarefa, mas o sacerdote tanto insistiu que tive finalmente de ceder ao seu pedido.

Por todo aquele verão e até o começo do outono morei na capela. De início, minha vida foi muito tranqüila e propícia à recitação da oração, muito embora a capela fosse muito visitada, especialmente nos dias de festa.[18] Certas pessoas vinham para rezar e outras, só para passar o tempo; outras ainda vinham para roubar o dinheiro dos donativos. Eu lia regularmente a Bíblia e a *Filocalia*, e, quando os visitantes me viam lendo, alguns começavam a conversar comigo, enquanto outros simplesmente me pediam que lhes lesse um pouco.

Notei que uma jovem camponesa vinha com freqüência à capela e, a cada visita, passava um longo tempo em oração. Ouvi por acaso as palavras que ela sussurrava e constatei que algumas das orações que ela fazia eram muito estranhas, ao passo que outras pareciam versões um tanto distorcidas das orações que eu mesmo conhecia. "Quem te ensinou tudo isso?", perguntei. Ela respondeu que fora a mãe, uma mulher piedosa. O pai era um cismático, membro da seita que rejeita o sacerdócio[19]. Compadeci-me dela e aconselhei-a a rezar segundo a correta tradição da Igreja: a saber, o Pai-Nosso e a "Alegra-te, Virgem Theotokos"[20]. Por fim, disse-lhe: "Por que não te habituas a recitar a oração de Jesus? Ela se eleva a Deus de modo mais direto do que qualquer outra oração, e por meio dela alcançarás a salvação."

A moça aceitou de bom grado o meu conselho e, com simplicidade, começou a praticar o que eu lhe ensinei. E sabes o que aconteceu? Depois de pouco tempo, informou-me que ficara tão acostumada à oração de Jesus que se sentia movida a recitá-la continuamente, se tal fosse possível; disse ainda que, enquanto rezava, sentia uma enorme felicidade, ao passo que, quando parava, ficava cheia de alegria e do fervoroso desejo de continuar rezando. Eu mesmo fiquei transbordando de júbilo e aconselhei-a a continuar rezando em nome de Jesus Cristo.

Pelo fim do verão, muitos dos que iam à capela paravam para me ver. Não vinham somente para ouvir-me ler e tomar conselhos; traziam-me também os seus problemas e chegavam até a procurar-me para ajudá-los a encontrar objetos perdidos. Evidentemente, alguns me tomavam por uma espécie de adivinho.

❖

72 O Caminho de um Peregrino

O movimento originou-se em 1666, quando Nikon, Patriarca de Moscou, introduziu reformas litúrgicas na Igreja Ortodoxa Russa com a intenção de tornar o rito mais semelhante aos de outras igrejas ortodoxas. É importante frisar que as reformas em nada alteravam a teologia ou a doutrina, mas eram estritamente litúrgicas: tratavam, por exemplo, da posição dos dedos da mão direita no sinal da cruz e do número de prostrações que se devem fazer quando se recita a oração de Santo Efrém da Síria (ver p. 116). Os Velhos Crentes, liderados pelo carismático Avvakum, homem de grande piedade, recusaram-se a adotar as novas práticas e permaneceram aferrados às práticas especificamente russas, que eram de fato, em muitos casos, mais antigas do que as práticas dos ortodoxos contemporâneos de língua grega. A seita dividiu-se em dois grupos principais, os *popovsty* (que tinham sacerdotes) e os *bezpopovsty* (que não conservaram o sacerdócio e, aliás, insistiam muito menos na organização formal em geral). O pai da jovem provavelmente pertencia a este último grupo.

As comunidades de Velhos Crentes sobreviveram até a era moderna, apesar dos períodos de perseguição, e existem ainda hoje. Os *raskolniki* representam o mais significativo movimento cismático de toda a história da Igreja Ortodoxa.

20 A mais comum de todas as orações ortodoxas dirigidas à Virgem Maria. Tem um parentesco evidente com a "Ave-Maria" católica e é a mais rezada de todas as orações, com exceção do "Pai-Nosso":

Alegra-te, Virgem Theotokos [*ver glossário*],
Maria cheia de graça, o Senhor é contigo,
Bendita és tu entre as mulheres,
E bendito é o fruto do teu ventre,
Pois geraste o Salvador de nossas almas.

21 Batushka: "Paizinho". Termo afetuoso usado quando a pessoa se dirige a um sacerdote, mas também usado, às vezes, quando se fala com qualquer homem mais velho e respeitado.

22 O Monte Atos, também chamado de "Montanha Sagrada", é um lugar mencionado com freqüência em *O Caminho de um Peregrino* e, de maneira geral, em todos os textos que tratam da espiritualidade ortodoxa. É uma península montanhosa situada no nordeste da Grécia, considerada às vezes uma espécie de pátria do monasticismo ortodoxo. Depois do

No decorrer do tempo, a vida foi-se tornando para mim cada vez mais barulhenta e cheia de perturbadoras tentações. Por fim terminou o verão; decidi sair da capela e seguir em minha jornada. Procurei o sacerdote e disse-lhe: "Padre, sabes o que busco. Preciso de um ambiente tranqüilo para rezar e, aqui, tenho muitas distrações nocivas. Cumpri a promessa que te fiz e fiquei durante todo o verão. Deixa-me ir agora e dá-me a tua bênção para a minha jornada solitária."

O sacerdote não quis deixar-me ir e procurou convencer-me a ficar. "O que te impede de rezar aqui mesmo? Não tens nenhuma outra obrigação, exceto ficar sentado na capela. O teu pão de cada dia te é providenciado. Ora ali dia e noite, ó irmão, se quiseres, e vive com Deus! És prendado e a tua presença aqui é benéfica para nós. Não conversas à toa com os visitantes e, ao aceitar fielmente os donativos, estás fazendo algo de bom pela Igreja de Deus. Isso é mais agradável a Deus do que as orações que recitas em solidão. Para que precisas da solidão? É melhor rezar em comunidade, junto com teus irmãos. Deus não criou o homem para que este conhecesse somente a si mesmo, mas para que as pessoas se ajudassem umas às outras e, cada qual na medida da sua capacidade, conduzissem umas às outras pela via da salvação. Contempla o exemplo dos santos e dos Padres! Todos eles se ocupavam dia e noite dos cuidados da Igreja e viajavam para toda parte a fim de pregar. Eles não se retiravam para um local solitário nem se escondiam das pessoas."

"Deus dá a cada um o seu próprio dom, *Batushka*[21]. Já houve muitos pregadores, mas houve também muitos eremitas. Cada qual ouviu a sua singular vocação e seguiu-a, na crença de que, por meio dela, o próprio Deus o estava guiando no caminho da salvação. Como explicas, então, o fato de tantos santos terem renunciado aos seus cargos eclesiásticos e administrativos e aos seus deveres sacerdotais e fugido para a solidão do deserto a fim de evitar a confusão e as distrações da vida entre os homens? Santo Isaac da Síria fugiu, deixando para trás sua diocese. O venerável Atanásio de Atos[22] fugiu do grande mosteiro onde vivia. Fizeram-no, justamente, porque aqueles lugares eram para eles muito cheios de tentações e cuidados, e porque criam com sinceridade nas palavras de Nosso Senhor Jesus Cristo: 'Pois, que aproveita ao homem ganhar o mundo inteiro, se vier a perder a sua alma?'"

74 O Caminho de um Peregrino

século X, a península tem sido habitada somente por monges (e permanece até hoje totalmente vedada às mulheres) que vivem em diversas condições, desde grandes mosteiros até minúsculas ermidas. Existem hoje vinte mosteiros no Monte Atos, bem como um grande número de instituições menores, chamadas "sketes", e eremitas que moram em cavernas e pequenas cabanas. A maioria das comunidades são de língua grega, mas existem também comunidades de russos, romenos, búlgaros e sérvios. O Monte Atos gerou um grande número de vultos influentes da espiritualidade ortodoxa. Há um excelente livro ilustrado sobre Atos, chamado *Anchored in God: Life, Art, and Thought on the Holy Mountain of Athos*, de Constantine Cavarnos (Belmont, Mass.: Institute for Byzantine and Modern Greek Studies, 1975).

23 Mateus 16:26.

24 Santo Antão, o Grande (251-356), foi o eremita egípcio universalmente conhecido como o "Pai do Monasticismo". Sua biografia, escrita por Santo Atanásio de Alexandria, tornou-o famoso em todo o mundo cristão e serviu de inspiração para o fenômeno do movimento monástico, que assumiu tão grandes proporções no século IV e em séculos posteriores.

O texto que lhe é atribuído, "Sobre o Caráter dos Homens e sobre a Vida Virtuosa: Cento e Setenta Textos", é o primeiro da *Filocalia*, pois, se Santo Antão for o seu autor, é ele o texto mais antigo da coletânea, disposta em ordem cronológica. Porém, muitos estudiosos modernos chegaram à conclusão de que a obra provavelmente não foi escrita por Santo Antão, e alguns dizem que não é nem mesmo de origem cristã. Tratar-se-ia, segundo o ponto de vista desses arqueólogos do sagrado, de uma compilação de citações das obras de vários autores estóicos e neoplatônicos dos séculos I a IV d.C.

25 São João de Cárpatos: pouco se sabe acerca da vida do autor do texto intitulado "Para a Edificação dos Monges da Índia que Lhe Escreveram: Cem Textos" — documento destinado a oferecer novo ânimo aos que se sentiam tentados a abandonar a vida monástica.

Cárpatos é uma ilha grega situada no arquipélago das Espórades, entre Creta e Rodes. Pensa-se que João de Cárpatos foi um monge que viveu a vida cenobítica e tornou-se bispo da ilha, possivelmente no século VII. Apesar do título da obra, é improvável que ele tenha escrito a monges cristãos na Índia nessa época. Segundo as especulações dos

"Mas eles eram santos!", disse o sacerdote.[23]

"Se os santos a tal ponto precisaram proteger-se dos perigos da vida entre os homens," respondi, "o que não deve fazer um pobre pecador?"

Separei-me finalmente desse bondoso sacerdote, que me deixou com amor no meu caminho.

O tempo estava seco e eu não tinha desejo algum de pernoitar em outro povoado. Quando, ao cair da tarde, vi dois montes de feno na floresta, abriguei-me debaixo deles para passar a noite. Adormecido, sonhei que estava caminhando pela estrada e lendo capítulos da obra de Santo Antão, o Grande[24], na *Filocalia*. De súbito, meu stárets alcançou-me e me disse: "Estás lendo o texto errado. É este que deves ler." Mostrou-me então o capítulo trinta e cinco de São João de Cárpatos[25], onde li o seguinte: "Às vezes, o mestre submete-se a humilhações e sofre tentações pelo bem daqueles que hão de receber, por causa disso, benefícios espirituais." Meu stárets também indicou o capítulo quarenta e um do mesmo São João, no qual se lia: "Aqueles que rezam com mais sinceridade são os que são assediados pelas mais terríveis e ferozes tentações."

Então, o stárets disse: "Sê forte em espírito e não desesperes! Lembra-te do que disse o apóstolo: 'Aquele que está em vós é mais poderoso do que o que está no mundo.'[26] Já experimentaste por ti mesmo que o homem só é tentado na medida da sua força; 'mas, com a tentação, Deus também dá o meio de vencê-la'.[27] Foi a esperança no auxílio divino que deu força aos santos homens de oração e gerou neles tamanho zelo e fervor. Esses homens não só dedicaram a vida à oração perpétua como também, por amor, se dispuseram a revelá-la e ensiná-la a outros, toda vez que se apresentava a oportunidade. São Gregório de Tessalônica[28] diz, acerca disso, o seguinte: 'Não somos nós somente que devemos atender ao mandamento divino de orar sem cessar em nome de Cristo. Devemos igualmente revelar e ensinar essa oração a outros — aliás, a todos: aos monges, aos leigos, aos sábios, aos ignorantes, aos maridos, às mulheres e às crianças. Temos o dever de despertar neles o desejo de orar sem cessar.' O venerável Calisto Telicudis diz algo muito

76   O Caminho de um Peregrino

acadêmicos, o documento, de estranho título, teria sido dirigido na verdade a monges etíopes.

26 I João 4:4.

27 I Coríntios 10:13.

28 São Gregório de Tessalônica: São Gregório Palamas (ver p. 34).

29 Provérbios 18:19.

30 Relíquias: os restos mortais do corpo do santo. No caso de São Inocente, seu corpo estava encerrado num suntuoso relicário, perante o qual os fiéis rezavam e faziam prostrações.

A veneração das relíquias é uma prática que data da Igreja primitiva e permanece firme em todo o mundo ortodoxo. São Cirilo de Jerusalém (século IV) escreve em seus *Discursos Catequéticos* (18:16): "Embora a alma não esteja presente, há um poder que reside nos corpos dos santos, poder esse que é fixado no corpo pela alma virtuosa que por tantos anos fez morada nele ou usou-o como ministro."

semelhante: 'Nem a oração mental ao Senhor [ou seja, a oração interior], nem as iluminações contemplativas, nem meio algum de elevação da alma devem ser ciosamente retidos dentro da mente do homem. Devem, isto sim, ser registrados, postos por escrito e entregues aos outros em vista do amor e do bem comum de todos.' As próprias Escrituras falam disso: 'O irmão ajudado pelo irmão é como uma poderosa fortaleza.'[29] Nesse caso, entretanto, o homem deve fugir da vaidade de todas as maneiras possíveis e deve guardar a si mesmo, para que a semente da Palavra de Deus não seja semeada no vento."

Quando despertei, meu coração estava cheio de grande alegria e minha alma estava reconfortada; e assim segui em meu caminho.

A oração tornou-se para mim um gosto cada vez maior, de modo que, às vezes, meu coração borbulhava de um amor infinito por Jesus Cristo. Suaves torrentes de consolação transbordavam desse amor e preenchiam os membros e articulações do meu corpo. A recordação de Jesus Cristo estava tão gravada na minha mente que, quando eu meditava sobre os acontecimentos do Evangelho, como que podia vê-los bem diante dos meus olhos. Ficava cheio de calor e ternura e derramava lágrimas de alegria. Um júbilo inefável tomava conta do meu coração!

Às vezes, passava três dias inteiros sem encontrar nenhuma habitação humana, e esse fato, para imenso gozo meu, fazia com que eu me sentisse a única pessoa viva na terra — um pobre pecador solitário na presença de Deus sumamente amável e misericordioso. A solidão consolava-me e habilitava-me a sentir o sabor da oração com sutileza muito maior do que me era possível quando estava rodeado de pessoas.

Cheguei, por fim, a Irkutsk. Depois de venerar as relíquias de São Inocente[30], comecei a pensar no que fazer em seguida. Eu não tinha desejo algum de permanecer por mais tempo naquela grande cidade. Enquanto caminhava pela rua, perdido em pensamentos, fui avistado por um comerciante local, que me deteve e perguntou: "Acaso és um peregrino? Por que não vens comigo à minha casa?" Fui, e logo chegamos à sua elegante morada. Perguntou-me sobre a minha pessoa e contei-lhe das minhas viagens. Quando terminei de falar, ele disse: "É a

78 O Caminho de um Peregrino

31 Odessa, o maior porto da Ucrânia, e Constantinopla, então capital do Império Otomano, situavam-se em margens opostas do Mar Negro, e entre as duas havia, e ainda há, uma rota marítima intensamente usada. O Bósforo, estreito que separa as metades européia e asiática de Constantinopla, era o único acesso que os russos tinham ao Mar Mediterrâneo por via naval. Os peregrinos que iam a Jerusalém não escolhiam essa rota por ser mais fácil e segura do que a terrestre, mas porque lhes permitia, a caminho da Terra Santa, visitar os muitos santuários e igrejas cristãs de Constantinopla.

Embora a cidade tenha passado a chamar-se Istambul depois da conquista dos turcos otomanos, em 1453, os russos ainda a chamavam nostalgicamente pelo nome com o qual fora conhecida enquanto capital do Império Romano Cristão do Oriente.

Jerusalém que deves ir em peregrinação. Os santuários e relíquias que lá se encontram não têm igual em nenhuma outra parte do mundo."

"Eu gostaria imenso de ir", respondi, "mas não há como chegar a Jerusalém por terra. Poderia ir até o litoral, mas não tenho dinheiro para pagar uma passagem de navio."

"Se quiseres", disse o comerciante, "posso tornar-te possível essa viagem. Não faz um ano que mandei para lá um amigo idoso."

Lancei-me a seus pés e ele disse: "Escuta: vou dar-te uma carta de apresentação, que deves entregar ao meu filho. Ele mora em Odessa e faz comércio com Constantinopla, para onde vão os seus navios. De boa mente há de arranjar-te um lugar em uma de suas naves. Então, instruirá seus representantes em Constantinopla[31] a comprar-te uma passagem em outro navio que vá a Jerusalém. Não é assim tão caro."

Ao ouvi-lo, fui tomado por uma alegria imensa. Expressei de todas as maneiras possíveis a gratidão pela bondade do meu benfeitor. Depois, agradeci a Deus pelo amor e o cuidado paternais que dedicara a um pecador tão miserável quanto eu, que não fazia bem algum nem a si mesmo nem aos outros e comia na indigência o pão alheio.

Gozei por três dias da hospitalidade do generoso mercador, que me deu a prometida carta de apresentação a seu filho. Parti então em demanda de Odessa, na esperança de chegar à cidade santa de Jerusalém. Porém, eu não tinha ainda a certeza de que o Senhor me daria a graça de venerar seu vivificante sepulcro.

Terceira
Narrativa

1 A identidade deste personagem é desconhecida. Não se trata do falecido stárets do Peregrino, mas provavelmente de um diretor espiritual sob cuja orientação ele se colocou algum tempo depois da morte do stárets. Este segundo pai espiritual é mencionado no decorrer de toda a terceira e a quarta narrativas.

2 Província de Orlovsk: região agrícola situada ao norte da Ucrânia. A pé, a viagem de lá até Irkutsk teria sido extremamente longa.

3 Não era incomum que as pessoas se deitassem em cima do fogão. O fogão russo, chamado *kamin*, era uma grande estrutura de tijolos situada no meio da casa, usada para cozinhar e para aquecer o ambiente. Em cima da maioria dos fornos havia uma espécie de bancada grande o suficiente para que nela coubesse uma pessoa, e onde as pessoas, especialmente as crianças, às vezes se deitavam para dormir no inverno.

Pouco antes de sair de Irkutsk, visitei o meu pai espiritual[1], com quem falara com freqüência, e disse-lhe: "Vou-me embora, pois, para Jerusalém, e vim para despedir-me e agradecer-te pelo amor que demonstraste para comigo, indigno peregrino."

"Que Deus abençoe a tua jornada", respondeu ele. "Mas não me disseste muita coisa a respeito de ti — quem és, de onde vens. Falaste-me muito sobre tuas viagens, mas estou curioso para saber onde residias e o que fazias antes de tornar-te peregrino."

"Sem dúvida", disse. "De bom grado falar-te-ei sobre essas coisas. Minha história não é longa. Nasci num povoado na província de Orlovsk[2]. Meus pais morreram e deixaram órfãos a mim e a um irmão mais velho. Ele tinha 10 anos na época em que meus pais faleceram, e eu tinha menos de 3. Nosso avô nos recebeu em casa e nos criou. Era um velho próspero e honesto, dono de uma taverna à beira de uma grande estrada; e, graças à sua bondade, muitos eram os viajantes que se hospedavam na taverna. Meu irmão era um tipo audaz e muitas vezes saía sozinho para vagar pelo povoado, ao passo que eu passava mais tempo em casa, junto com meu avô. Nos dias de festa, íamos à igreja com ele, e ele costumava ler-nos a Bíblia em casa — esta mesma Bíblia, aliás, que ora levo comigo. Quando meu irmão ficou mais velho, começou a beber desbragadamente. Na época, eu tinha 7 anos. Certa vez, quando estávamos deitados juntos em cima do fogão[3], ele me empurrou e eu caí, ferindo o braço. Depois disso, perdi o uso do braço esquerdo, que, como vês, está agora completamente atrofiado.

"Meu avô percebeu que eu não poderia trabalhar na terra; por isso, começou a ensinar-me a ler e a escrever. Como não tínhamos cartilha nem livro de gramática, ele usou este velho exemplar da Bíblia. Começou do princípio e fez-me copiar as palavras para aprender as letras do alfabeto. Não sei como aconteceu, mas, repetindo o quanto ele dizia,

84   O Caminho de um Peregrino

❖ "Recitemos a oração de Jesus desinteressadamente, com simplicidade e pureza de intenção, tendo a penitência por objetivo, com fé em Deus, com esperança e confiança na sabedoria, na bondade e na onipotência da Sua santa vontade... Pela oração atenta, voltemos para o nosso próprio ser o olhar da nossa mente, para que possamos descobrir dentro de nós a nossa natureza pecadora. Quando a descobrirmos, fiquemos mentalmente em pé perante Nosso Senhor Jesus Cristo, na companhia dos leprosos, dos cegos, dos surdos, dos coxos, dos paralíticos, dos possuídos pelo demônio; e elevemos na Sua presença o clamor da nossa prece com pobreza de espírito, com um coração esmagado de sofrimento pelos nossos pecados. Que esse clamor seja infinito. Que toda prolixidade, toda multiplicação de palavras, sejam inadequadas para expressá-lo."

— Ignatius Brianchianinov, *On the Prayer of Jesus*, p. 113

4 "Tem piedade de mim, ó Deus": primeiras palavras do Salmo 51, com o qual se iniciam os ofícios e orações da manhã e da tarde da Igreja Ortodoxa e que é, entre os ortodoxos, o mais recitado de todos os Salmos.

acabei aprendendo a ler. Mais tarde, quando ele começou a perder a vista, muitas vezes fazia-me ler a Bíblia para ele, corrigindo-me no decorrer da leitura.

"Havia um oficial do governo que costumava ficar na taverna e tinha uma bela caligrafia. Eu gostava de vê-lo escrever e tentava copiar o que ele escrevia. Ele começou então a ensinar-me; deu-me papel e tinta e apontava as minhas penas. Foi assim que aprendi a escrever. Meu avô agradou-se muito e disse: 'Agora que Deus revelou-te a leitura e a escrita, essas coisas farão de ti um homem. Deves agradecer por isso ao Senhor e rezar com mais freqüência.' Assim, íamos a todas as cerimônias da igreja, mas também rezávamos muito em casa. Eu cantava 'Tem piedade de mim, ó Deus'[4], enquanto meu avô e minha avó faziam suas prostrações ou simplesmente permaneciam ajoelhados.

"Por fim, quando fiz 17 anos, minha avó morreu. Vovô me disse: 'A senhora da casa não está mais conosco — como vamos fazer sem uma mulher? Teu irmão mais velho está perdido na vida, por isso quero que te cases.' Protestei, em virtude da minha deficiência, mas meu avô recusou-se a mudar de idéia. Encontrou para mim uma moça séria e bondosa, de 21 anos de idade, e nos casamos.

"Um ano depois, meu avô ficou doente e chamou-me ao seu leito. Pouco antes de morrer, disse: 'Estou deixando para ti esta casa e tudo o que tenho. Vive segundo a tua consciência, não defraudes ninguém e, acima de tudo, reza a Deus, pois tudo vem d'Ele. Não deposites a tua confiança em nada nem em ninguém, mas somente em Deus. Vai à igreja, lê a Bíblia e lembra-te de mim e da tua velha avó em tuas orações. Estou te dando mil rublos. Toma cuidado com o dinheiro e não o gastes insensatamente, mas tampouco sejas avaro. Dá à Igreja e aos pobres.'

"Assim faleceu, e eu o enterrei. Meu irmão ficou com inveja porque eu havia herdado sozinho a taverna e tudo o que meu avô possuía. Irou-se contra mim e estava tão enredado no mal que chegou a tramar para matar-me. Foi isso que quase fez certa noite, enquanto eu e minha mulher dormíamos. Não havia hóspedes na taverna; ele forçou a entrada do cômodo onde eu deixava o dinheiro, roubou-o do cofre e pôs fogo no cômodo. Quando acordamos, o fogo já abrasava toda a taverna. Mal conseguimos pular pela janela do quarto, vestidos somente com nossas roupas de dormir.

86   O Caminho de um Peregrino

5 Jejum: A Igreja Ortodoxa prescreve muitos dias de jejum. Se o Peregrino e sua esposa os observavam todos, passavam boa parte do ano num regime austero. Os quatro principais períodos de jejum no decorrer do ano são os seguintes:

- Grande Quaresma: quarenta dias antes da Páscoa.
- Jejum dos Apóstolos: começa uma semana depois da festa móvel de Pentecostes e termina em 29 de junho, dia da festa de São Pedro e São Paulo. Dependendo da data em cai o Pentecostes num determinado ano, esse jejum pode demorar de uma a seis semanas.
- Jejum da Dormição: de 1º a 14 de agosto. Termina com a festa da Dormição (Assunção) da Virgem Maria.
- Jejum da Natividade: de 15 de novembro a 24 de dezembro. Termina no Natal.

Além disso, quase todas as quartas e sextas-feiras do ano são dias de jejum, e existem vários jejuns de um só dia, como a vigília da Teofania. Nos períodos de jejum, os cristãos piedosos abstêm-se de carne, peixe, ovos, laticínios, óleo e vinho.

6 Hino acatista: o acatista é uma antiga forma de hinologia que consiste em quatorze hinos, cada um dos quais é seguido por uma série de orações de louvor ou ação de graças. Existem acatistas dirigidos ao Cristo, à Virgem Maria e a diversos santos, mas o mais famoso de todos, ao qual o peregrino se refere, é o de autoria de São Romano, o Melódio, para a Virgem Maria. Assim começa a sua primeira parte:

Um arcanjo foi enviado do Céu para anunciar à Mãe de Deus: Alegrai-vos! E quando contemplou a Vós, ó Senhor, assumindo a forma corpórea, admirou-se em extremo e, com sua voz imaterial, entoou para Ela palavras como estas:

Alegrai-vos, ó Vós por meio de quem resplandecerá a alegria:
Alegrai-vos, ó Vós por meio de quem será quebrada a maldição!
Alegrai-vos, ó vocação de Adão caído:
Alegrai-vos, ó redenção das lágrimas de Eva!
Alegrai-vos, ó altura inacessível aos pensamentos humanos:
Alegrai-vos, ó profundidade indiscernível mesmo aos olhos dos anjos!
Alegrai-vos, pois sois o trono do Rei:
Alegrai-vos, pois geras Aquele que gera todas as coisas!
Alegrai-vos, ó estrela que anuncia o nascer do Sol:
Alegrai-vos, ó ventre da Encarnação Divina!

Terceira Narrativa   87

"Como deixávamos a Bíblia debaixo do travesseiro, conseguimos salvá-la. Enquanto víamos, de pé, a nossa casa a queimar, dissemos um ao outro: 'Graças a Deus, conseguimos salvar a Bíblia! Pelo menos temos algo para nos consolar em nosso sofrimento.' Assim, tudo o que tínhamos foi consumido pelo fogo, e meu irmão desapareceu sem deixar vestígios. Muito tempo depois, descobrimos que ele começara a beber em excesso e que alguém o ouvira gabar-se de ter roubado o dinheiro e posto fogo na taverna.

"Ficamos sem nada; não tínhamos sequer vestimentas, nem mesmo um par de sapatos para calçar. De algum modo, conseguimos um pouco de dinheiro emprestado. Construímos uma cabaninha e começamos a viver como camponeses sem terra. Minha esposa fazia belos trabalhos — fiava, tecia, costurava e bordava. Aceitava serviços e trabalhava dia e noite para nos sustentar. Eu, com o braço seco, não podia sequer fazer sapatos; então, sentava-me ao seu lado enquanto ela trabalhava e lia-lhe a Bíblia. Enquanto ouvia, de quando em quando ela se comovia e derramava lágrimas. 'Por que choras?', eu perguntava. 'Dá graças a Deus por estarmos vivos.' E ela respondia: 'As palavras da Bíblia são tão belas que me comovem profundamente.'

"Ciosos das admoestações de meu avô, jejuávamos com freqüência[5], cantávamos o hino acatista[6] a *Theotokos* toda manhã e fazíamos mil prostrações toda noite antes de nos deitarmos, para não cair em tentação. Assim vivemos em paz por dois anos. É curioso que, embora nunca tivéssemos ouvido falar da oração do coração, não a compreendêssemos em absoluto e rezássemos tão-somente com os lábios, prostrando-nos insensatamente como acrobatas ensandecidos, nós tínhamos, não obstante, o desejo de rezar. Não só tínhamos facilidade para recitar longas orações sem compreendê-las realmente, como também o fazíamos com muito gosto. Parece-me que aquele mestre estava certo quando me disse que o homem pode rezar secretamente dentro de si sem ter consciência da oração e de como ela age por si mesma na alma para despertar o desejo de orar, cada qual segundo o seu conhecimento e a sua capacidade.

"Depois de vivermos desse modo por dois anos, minha esposa de súbito caiu doente, com uma febre muito alta. Recebeu a última Comunhão[7] e morreu no nono dia de sua enfermidade. Fiquei completamen-

Alegrai-vos, Vós por meio de quem renova-se a criação:
Alegrai-vos, Vós por meio de quem adoramos o Criador!
Alegrai-vos, ó Esposa Virgem!

[7] "Última Comunhão": o sacramento da Sagrada Comunhão era recebido com pouca freqüência pelos cristãos da Rússia do século XIX, não mais do que uma ou duas vezes por ano, e era sempre precedido por um período de jejum e preparação. Uma vez que se acreditava que o sacramento operava o perdão dos pecados, era considerado benéfico que a pessoa o recebesse no leito de morte.

[8] "Passaporte de deficiência permanente": na época do Peregrino, exigia-se dos russos que levassem passaporte mesmo em viagens dentro da própria Rússia.

[9] Kiev: o objetivo dessa primeira peregrinação teria sido o Pecherskaya Lavra, ou Mosteiro das Cavernas, fundado no século XII, cujas cavernas contêm muitas relíquias dos santos monges que lá viveram.

Representação em xilogravura do mosteiro das Cavernas de Kiev, com seus fundadores, os Santos Antônio e Teodósio

te sozinho, sem nenhum meio de vida. Assim, comecei a vagar e a pedir esmolas, o que me deixava extremamente envergonhado. Além disso, fui tão dominado pelo sofrimento da perda da minha esposa que não sabia o que fazer comigo mesmo. Quando entrava na cabana e via as roupas dela, ou um lenço que ela usara, começava imediatamente a chorar. Por fim, tornou-se-me impossível suportar a dor de continuar vivendo naquela cabana. Assim, vendi a cabana por vinte rublos e dei aos pobres todas as roupas que haviam pertencido à minha esposa. Por causa do meu braço, recebi um passaporte de deficiência permanente[8], tomei a Bíblia e parti a caminhar sem destino.

"'Para onde irei agora?', pensei. 'Vou primeiro para Kiev, para venerar as relíquias dos dignos santos de Deus e implorar o seu auxílio e a sua intercessão.'[9] Essa decisão instantaneamente me fez sentir-me muito melhor, e minha viagem a Kiev foi uma viagem feliz. Já se vão treze anos desde que isso aconteceu, e desde então tenho caminhado. Visitei muitas igrejas e mosteiros, mas atualmente costumo andar sobretudo pelas estepes e pelos campos. Não sei se é da vontade do Senhor que eu chegue à cidade santa. Se for essa a vontade de Deus, talvez lhe apraza também que meus ossos pecadores lá sejam enterrados."

"Quantos anos tens agora?", perguntou ele.

"Trinta e três", respondi.

"A idade de Jesus Cristo quando da Sua morte!"

Quarta
Narrativa

Mas para mim é bom estar próximo de Deus;
fiz do Senhor Deus o meu Refúgio.

— SALMO 73:28

Vim a meu pai espiritual e lhe disse: "Como é verdadeiro o provérbio russo: 'O homem propõe e Deus dispõe.' Eu havia feito planos de partir hoje em minha peregrinação a Jerusalém, mas algo completamente inesperado aconteceu e deve manter-me aqui por mais três dias. Não resisti à vontade de vir falar-te a respeito, pois preciso de teu conselho quanto ao que fazer.

"Depois de me despedir de todos, com a ajuda de Deus parti em minha viagem. Quando estava para cruzar os portões da cidade, vi um conhecido à porta da última casa. Era outrora um peregrino como eu, e não o via há três anos. Cumprimentamo-nos e ele me perguntou para onde ia.

"Respondi: 'Se Deus quiser, pretendo chegar à cidade santa de Jerusalém.'

"'Graças a Deus!', exclamou. 'Tenho um excelente companheiro de viagem para ti!'

"'Deus esteja contigo e com ele', respondi, 'mas deves lembrar-te de que jamais viajo acompanhado, pois estou acostumado a caminhar sozinho.'

"'Ouve-me primeiro — sei que este companheiro será perfeito para ti. Aliás, sereis ambos perfeitos um para o outro. Vê: o pai do senhor da casa onde trabalho também fez o voto de ver Jerusalém. Asseguro-te de que vos acostumareis um com o outro. É um homem daqui, da baixa classe média, idoso e praticamente surdo. Por mais que grites, ele nada ouve. Quando é preciso falar com ele, tens de escrever num papel o que queres dizer e ele te responderá. Assim, não te servirá de estorvo na jornada, pois não falará contigo. Já quase não fala, mesmo em sua própria casa, mas serás indispensável para ele na viagem. O filho dele arranjou-lhe um cavalo e uma carroça para ir a Odessa, onde venderá a ambos. O velho preferia ir a pé, mas precisa do cavalo porque leva bagagem e alguns donativos para o sepulcro do Senhor; poderás igualmente pôr teu bornal sobre a carroça.

94 O Caminho de um Peregrino

❖ "A cabeça e o princípio de todas as virtudes é a oração, da qual o Apóstolo disse: 'Orai sem cessar.' Ou seja, invoca sempre o nome de Deus, quer estejas conversando, quer sentado, quer a caminhar, quer em trabalho, quer à mesa, quer fazendo qualquer outra coisa. Em todo tempo e em todo lugar convém invocar o nome de Deus; pois assim, segundo São João Clímaco, 'vencemos os inimigos com o nome de Jesus', e arma mais forte não será encontrada nem no céu nem na terra.

"A oração é o fim do sofrimento e da depressão, o florescimento da mansidão e da tranqüilidade, a manifestação da alegria e da ação de graças e a obtenção e a multiplicação de um sem-número de coisas boas.

"Espero que venhas a prosperar nas virtudes, o que ocorrerá sobretudo se permaneceres atento e não te descuidares da oração de Jesus. Pois é ela a mestra e o princípio de todas as virtudes. Nada nos guarda tão bem contra a entrada do demônio mau quanto a oração (a oração mental de Jesus) e as súplicas fervorosas."

—Stárets Hilário do Mosteiro de Valaam (m. em 1841),
da "Pequena Escada Espiritual" (*Little Russian Philokalia*,
vol. 2. Platina, Califórnia: St. Herman Brotherhood, 1983, p. 77)

1 Filipenses 2:13.

2 Filipenses 3:13.

"'Reflete sobre o assunto! Como podes deixar um velho surdo partir sozinho, numa carroça puxada por cavalo, em tão longa jornada? Já há algum tempo temos procurado para ele um companheiro de viagem, mas todos pedem muito dinheiro. E seria perigoso enviá-lo ao lado de um perfeito estranho, uma vez que ele leva consigo dinheiro e objetos valiosos. Por favor, ó irmão, concorda! Asseguro-te de que não te arrependerás. Faz isto pela glória de Deus e por amor dos teus semelhantes. Recomendar-te-ei à família do velho, e eles ficarão contentíssimos com a notícia. São pessoas boas e gostam muito de mim. Há dois anos que trabalho para eles.'

"Estávamos conversando de pé, junto à porta da casa. Conduziu-me para dentro e apresentou-me ao seu senhor. Percebi que a família era honesta, por isso concordei. Decidimos partir, se Deus quiser, no terceiro dia depois do Natal, imediatamente depois da Divina Liturgia.

"Bem vês quais não são as coincidências que acontecem na vida! Não obstante, Deus e Sua divina Providência sempre comandam todos os nossos planos e atos, como está escrito: 'Porque Deus é o que opera em vós o querer e o executar, segundo o Seu beneplácito.'"[1]

Meu pai espiritual ouviu o meu relato e disse: "Alegro-me de todo o coração, irmão caríssimo, porque quis o Senhor que te visse de novo, tão cedo e de modo tão inesperado. Como tens algum tempo, com amor te peço que permaneças comigo mais um pouco e me contes mais das experiências edificantes que tiveste em tuas peregrinações. Foi com prazer e imenso gozo que ouvi tuas outras histórias."

"De bom grado o farei", respondi, e comecei a falar.

Sucederam-me tantas coisas, boas e más, que não me seria possível falar-te de todas elas. Tenho certeza até de que me esqueci de algumas, pois minha atenção estava sempre mais concentrada naquilo que guiava e estimulava minha alma preguiçosa a rezar. Assim, eu quase não perdia tempo pensando sobre outras coisas — ou, antes, procurava esquecer o passado, como nos ensina o Apóstolo Paulo quando diz: "esquecendo-me do que fica para trás e avançando para as coisas que me estão diante"[2]. Até mesmo o meu falecido stárets, de feliz memória, me

96   O Caminho de um Peregrino

❖ "Essa quietude ou silêncio interior é chamada em grego de *hesychia*, e o homem que busca a oração de quietude é chamado *hesicasta*. Hesíquia significa a concentração associada à tranqüilidade interior. Não deve ser compreendida somente num sentido negativo, como o silêncio de palavras e a ausência de atividades exteriores; antes, denota de modo positivo a abertura do coração do homem em relação ao amor de Deus. É desnecessário dizer que, para a grande maioria das pessoas, senão todas, a hesíquia não é um estado permanente. Além de penetrar na oração de quietude, o hesicasta também faz uso de outras formas de oração, participando dos serviços litúrgicos, lendo as Escrituras e recebendo os sacramentos. A oração apofática coexiste com a oração catafática, e cada uma delas fortalece a outra. A via da negação e a via da afirmação não são mutuamente excludentes; são complementares."

—Kallistos Ware, *The Orthodox Way*, pp. 163-164

3 Tobolsk: uma cidade da Rússia asiática situada nas planícies imediatamente a leste dos Montes Urais.

4 De maneira geral, os peregrinos tinham bons motivos para crer que seriam bem tratados, pois havia, naquela época, um número suficiente de pessoas que consideravam o cuidado dos peregrinos uma bênção e uma obra de misericórdia. Mas o grau de hospitalidade demonstrado pela família abastada que ele encontra mais à frente na narrativa pode ser considerado extraordinário.

diria que os obstáculos à oração do coração vêm de dois lados: da esquerda e da direita. Isso significa que, se o inimigo não consegue nos impedir de rezar com pensamentos vãos e imaginações pecaminosas, então suscita dentro de nós a lembrança de coisas edificantes de toda espécie, ou nos incita com pensamentos agradáveis — tudo para nos tentar a abandonar a oração, a qual ele não pode suportar.

É isso que se chama "roubo da direita", que leva a alma a desprezar a conversa com Deus e a buscar os prazeres de conversar consigo mesma ou com outras criaturas. Assim, ele me ensinou que, durante a oração, é preciso rejeitar até mesmo os mais agradáveis pensamentos espirituais. Além disso, ensinou-me que, caso eu perceba que no decorrer do dia estou passando mais tempo em especulações ou conversas edificantes do que na oração essencial e oculta do coração, devo considerar até isso como uma falta de temperança, uma espécie de gula espiritual egoísta. Isso se aplica especialmente aos iniciantes, para quem é absolutamente necessário que o tempo passado em oração seja significativamente maior do que o tempo passado até mesmo em outras atividades piedosas.

Mas é impossível, por outro lado, esquecer-se de todo o resto. Às vezes acontece de uma experiência gravar-se-nos de tal forma na mente que, mesmo que não pensemos nela com freqüência, fica como que permanentemente incorporada à memória. Tal é o caso da família piedosa com quem Deus, certa vez, me deu a graça de passar alguns dias.

Nas minhas viagens, passei certo dia por uma cidade da província de Tobolsk[3]. Meu pão seco havia chegado ao fim; por isso parei numa casa para pedir mais. O senhor da casa me disse: "Graças a Deus, vieste na hora certa! Minha esposa acaba de tirar o pão do forno. Eis um filão quentinho para ti; reza a Deus por nós."[4] Agradeci-lhe, e estava a pôr o pão no bornal quando a senhora da casa me viu e disse: "Vê o estado do teu bornal — está todo gasto! Deixa-me dar-te um novo." E deu-me um outro, novo e reforçado, em lugar do antigo. Agradeci-lhes de todo o coração e fui em frente. Antes de sair da cidade, parei numa lojinha e pedi um pouco de sal. O comerciante me deu uma sacolinha cheia e rejubilei-me em espírito, agradecendo a Deus por conduzir-me a pessoas tão bondosas, apesar da minha indignidade. Eu não teria de me preocupar com comida por mais uma semana; podia dormir em paz e satisfeito. Bendize, ó minh'alma, o Senhor!

98 O Caminho de um Peregrino

❖ "Sentado em tua cela, permanece pacientemente em oração, segundo o preceito do Apóstolo Paulo (Romanos 12:12, Colossenses 4:2). Concentra a mente dentro do teu coração e, de lá, envia o teu clamor mental a Nosso Senhor Jesus, pedindo a Sua ajuda e dizendo: 'Senhor Jesus Cristo, tem misericórdia de mim.' Não cedas ao desânimo e à preguiça, mas labora no teu coração e exaure o teu corpo, buscando o Senhor em teu coração. Força-te por todos os meios a cumprir esta obra, pois 'o reino dos céus sofre violência, e são os violentos que o arrebatam' (Mateus 11:12), como disse o Senhor, demonstrando que essa realização exige uma forte labuta e muito esforço espiritual."

—da *Filocalia*: São Gregório do Sinai, "Instruções aos Hesicastas"

Depois de sair da cidade, caminhei pouco mais de cinco quilômetros e passei por um povoado bastante pobre. Havia lá uma igreja de madeira, simples mas primorosamente decorada com afrescos do lado de fora. Ao passar por ela, senti o desejo de entrar para adorar; assim, fui ao pórtico e lá permaneci durante certo tempo em oração. Duas crianças, de 5 ou 6 anos de idade, estavam brincando na relva fora da igreja. Embora estivessem muito bem vestidas, cheguei a pensar que fossem os filhos do sacerdote. Mas, de qualquer modo, fiz as minhas orações e segui no meu caminho. Não caminhara mais do que dez passos quando as ouvi gritando atrás de mim: "Mendigo querido! Mendigo querido, espera!" As crianças, um menino e uma menina, me haviam visto e estavam gritando e correndo na minha direção. Parei; elas correram até onde eu estava e cada uma pegou numa de minhas mãos. "Vem conosco até a Mamãe — ela adora os mendigos", disseram.

"Não sou um mendigo", respondi. "Estou só passando por aqui."

"Então, por que levas um bornal?"

"Aqui eu guardo o pão que como nas minhas viagens. Mas dizei-me, onde está a vossa mamãe?"

"Está lá, atrás da igreja, logo atrás daquele pequeno bosque."

Levaram-me então a um belo jardim, no meio do qual havia uma grande casa senhorial. Entramos; como eram imaculadas todas as coisas lá dentro! A senhora da casa correu para nos receber.

"Bem-vindo! Bem-vindo! De onde é que Deus te mandou para nós? Senta-te, senta-te, bondoso senhor!" Ela tirou o bornal das minhas costas, colocou-o sobre a mesa e fez-me sentar numa das cadeiras mais macias. "Não gostarias de comer algo, ou de tomar chá? Há algo de que precises, qualquer coisa?"

"Agradeço-te humildemente", respondi. "Meu bornal está cheio de alimento. Embora beba chá às vezes, nós, camponeses, não estamos acostumados com isso. O teu desejo de me ajudar e a tua calorosa acolhida são mais preciosos para mim que qualquer jantar. Farei oração a Deus para que Ele te abençoe pelo espírito bíblico do amor que tens pelos peregrinos." Depois de dizer isso, senti o desejo intenso de me recolher de novo no meu ser interior. A oração acendeu-se no meu coração e eu precisava de silêncio e tranqüilidade para poder deixar propagar-se a chama dessa oração espontânea e impedir as outras pessoas

100 O Caminho de um Peregrino

5 Sala dos ícones: os ícones, ou imagens sagradas de Jesus, da Virgem Maria e dos santos, eram muito venerados; mas, quando ainda não havia estampas produzidas em série, eram objetos muito caros e poucas pessoas podiam ter uma sala cheia de ícones. O fato de a casa ter uma sala de ícones ou uma capela é um sinal da riqueza da família.

A teologia da imagem é altamente desenvolvida na Igreja do Oriente, em decorrência da controvérsia sobre o uso de ícones que tumultuou o Império Romano do Oriente entre os anos 725 e 843. Pode-se encontrar uma boa introdução à teologia do ícone em *The Art of the Icon: A Theology of Beauty*, de Paul Evdokimov (Torrance, Califórnia: Oakwood Publications, 1989).

6 Freira do esquema: a equivalente feminina de um monge do esquema (ver p. 24).

7 O livro provavelmente seria *A Escada da Ascensão a Deus*, de São João Clímaco (c. 525-606), abade do Mosteiro de Santa Catarina do Monte Sinai. Esse tratado, no qual ele define trinta degraus que conduzem o ser humano a Deus, era obra de leitura espiritual muito popular na Rússia. Há uma tradução para o inglês intitulada *John Climacus: The Ladder of Divine Ascent*, tradução de Colm Luibheid (Mahwah, N.J.: Paulist Press, 1988).

8 Matushka: "Mãezinha." Termo que expressa respeito e ternura e é mais usado quando se fala com a esposa de um sacerdote, mas também pode ser usado em referência a qualquer mulher mais velha ou respeitada, como neste caso.

de ver os sinais externos que a acompanham, como as lágrimas, os suspiros, as expressões faciais incomuns e o movimento dos lábios. Por isso, levantei-me e disse: "Com a tua licença, mãe querida, tenho de irme embora. Que o Senhor Jesus Cristo esteja contigo e com os teus bondosos filhos."

"Oh, não! Deus não queira que vás — eu mesma não o permitirei! Meu marido, que é juiz na cidade, estará vindo de lá esta tarde e ficará em extremo contente de te ver. Ele considera cada peregrino como um mensageiro de Deus. Se fores agora, ele ficará muito aborrecido por não te conhecer. Além do mais, amanhã é domingo, e poderás orar na Liturgia conosco, e depois comeremos juntos o que Deus nos conceder. Sempre temos convidados nos dias de festa — às vezes, até trinta dos pobres de Cristo. Mas ainda não me disseste nada a teu respeito — de onde vens, para onde vais! Fica e conversa comigo, pois adoro ouvir as palavras espirituais de pessoas devotas. Crianças, crianças! Levai o bornal do peregrino e deixai-o na sala dos ícones[5] — é lá que ele passará a noite."

Fiquei surpreso com as palavras dela e pensei comigo mesmo: será este um ser humano ou alguma aparição? Assim, fiquei para conhecer o senhor da casa. Em poucas palavras, contei-lhe de minhas jornadas e disse-lhe que esperava chegar a Irkutsk.

"Nesse caso, terás de passar por Tobolsk. Minha mãe é agora uma freira do esquema[6] e mora num mosteiro nessa cidade. Dar-te-emos uma carta de apresentação e ela te receberá. Muita gente a procura em busca de conselhos espirituais. Aliás, podes também levar-lhe um livro de São João Clímaco[7], que ela pediu que encomendássemos de Moscou. Como todas as coisas se encaixam!"

Chegou, por fim, a hora do jantar, e sentamo-nos todos à mesa, onde outras quatro mulheres se juntaram a nós. Depois do primeiro prato, uma delas levantou-se e fez uma reverência para o ícone e outra para nós. Serviu o segundo prato e sentou-se novamente. Então, outra mulher fez o mesmo e serviu o terceiro prato. Quando vi tudo isso, perguntei à senhora da casa: "Perdoa-me por perguntar, ó *Matushka*[8], mas estas senhoras são da tua parentela?"

"São", disse ela. "São como minhas irmãs: esta é a cozinheira, essa é a esposa do cocheiro, aquela é a governanta e esta última é a minha criada. São todas casadas — não tenho moças solteiras trabalhando na minha casa."

102 O Caminho de um Peregrino

❖ "O silêncio inteligente é mãe da oração, fim do cativeiro, defesa contra o fogo, supervisor dos pensamentos, guarda contra os inimigos, prisão de arrependimento, amigo das lágrimas, lembrança eficaz da morte, delineador dos castigos, libertador na hora do juízo, ministro do sofrimento, inimigo da liberdade de palavras, companheiro da quietude, adversário do desejo de ensinar e pregar, aumento de conhecimento, criador da visão divina, progresso invisível, ascensão secreta."

> —Da *Escada da Ascensão a Deus*, de São João Clímaco, 11º degrau: "Sobre a prolixidade e o silêncio" (*The Ladder of Divine Ascent*. Brookline, Mass.: Holy Transfiguration Monastery, 1978, p. 92)

9 A riqueza e a influência dessa senhora são indicadas pelo fato de ela ter feito construir um alojamento especial para si no mosteiro, em vez de ocupar uma cela comum, como as outras freiras.

Vendo e ouvindo todas essas coisas, fiquei ainda mais perplexo. Agradeci a Deus por conduzir-me a pessoas tão devotas e senti no coração a atividade intensa da oração. Como estava ansioso por ficar sozinho para não estorvar a oração, levantei-me da mesa e disse à senhora: "Sem dúvida, hás de querer descansar depois do jantar. Estou acostumado a caminhar, e por isso farei um passeio no jardim."

"De modo algum", respondeu ela. "Não preciso descansar. Caminharei contigo no jardim e contar-me-ás algo que me faça bem à alma. Se fores sozinho, as crianças te estorvarão. Assim que te virem, não te deixarão sozinho por um instante sequer, pois amam verdadeiramente os peregrinos e os irmãos necessitados de Nosso Senhor Jesus Cristo."

Eu não podia fazer nada, exceto acompanhá-la. Para não ter eu mesmo de falar, inclinei-me até o chão perante a senhora e disse: "Matushka, em nome de Deus, conta-me, por obséquio, há quanto tempo levas vida tão devota e como alcançaste tal grau de piedade."

"Talvez deva contar-te a história da minha vida. Vê: minha mãe é bisneta de São Josafá, cujas relíquias estão expostas à veneração dos fiéis em Belgorod. Antigamente, tínhamos uma grande casa na cidade e alugávamos uma de suas alas a um nobre falido. Ao morrer, ele deixou a viúva grávida, e ela mesma faleceu pouco depois de dar à luz. Minha mãe teve compaixão do pobre menino órfão e pegou-o para criá-lo. Eu mesma nasci um ano depois. Crescemos juntos, estudamos com os mesmos mestres e tornamo-nos chegados como irmão e irmã. Algum tempo depois, meu pai morreu e minha mãe saiu da cidade, vindo morar aqui em sua propriedade no campo. Quando crescemos, minha mãe me deu em casamento a esse jovem órfão que crescera na nossa casa. Legou-nos tudo o que possuía e entrou para um mosteiro, onde fez que se construísse uma cela para si.[9] Quando nos deu a sua bênção, recomendou-nos que vivêssemos como cristãos, rezássemos a Deus com sinceridade e fervor e, acima de tudo, nos esforçássemos por cumprir o maior dos mandamentos de Deus: o de amar o nosso próximo e alimentar e auxiliar os necessitados. Disse-nos ainda que criássemos nossos filhos no temor de Deus com simplicidade e humildade e tratássemos nossos criados como irmãos e irmãs. E assim temos vivido nos últimos dez anos, procurando seguir da melhor maneira possível as instruções de minha mãe. Temos uma casa de hóspedes para os pobres, na qual

104 O Caminho de um Peregrino

10 Ósculo da paz: três beijos — que simbolizam a Santíssima Trindade — o primeiro na face direita, o segundo na esquerda, o terceiro novamente na direita. Cumprimento comum do povo piedoso, posto em prática na Páscoa.

11 Menaion: neste caso, é um livro que contém as biografias dos santos para o ano inteiro, dispostas segundo a data das festas dos santos. O conjunto completo dos doze volumes de livros litúrgicos da Igreja Ortodoxa também é chamado Menaion.

12 São João Crisóstomo (c. 347-407): patriarca de Constantinopla de 398 a 403, dedicado à reforma da Igreja, famoso pregador (de onde o seu apelido, *Crisóstomo* — "boca de ouro" em grego) e organizador final da Divina Liturgia celebrada até hoje pelos cristãos ortodoxos. O livro provavelmente seria uma coletânea dos muitos sermões de S. João Crisóstomo.

13 São Basílio Magno (c. 330-379): monge e bispo da Capadócia, na Anatólia (atual Turquia), altamente instruído, que escreveu uma famosa regra da vida monástica. Ao lado dos santos Gregório, o Teólogo (conhecido no Ocidente como Gregório de Nissa), e Gregório Nazianzeno, é um dos três "Padres Capadócios". O livro provavelmente seria a coletânea de suas *Epístolas*, ou talvez o tratado *Sobre o Espírito Santo*.

abrigamos atualmente mais de dez aleijados e necessitados. Talvez façamos-lhes uma visita amanhã."

Quando terminou de contar sua história, perguntei: "Onde está o livro de São João Clímaco que queres que entregue à tua mãe?"

"Vamos entrar, e vou encontrá-lo para ti."

Mal nos havíamos sentado para ler quando o senhor da casa chegou. Ao me ver, abraçou-me calorosamente e trocamos o ósculo da paz.[10] Levou-me então à sua própria sala e disse: "Vem, irmão querido, ao meu escritório, e abençoa esta minha cela. Acho que já te fartaste dela" — apontou então para sua esposa. "Ela não pode ver um peregrino ou um doente que já quer passar ao seu lado o dia inteiro e a noite inteira. Toda a sua família tem sido assim há gerações." Entramos em seu escritório. Havia lá muitos livros e muitos ícones magníficos, bem como um grande crucifixo em tamanho natural com uma Bíblia ao lado. Fiz uma oração e disse ao senhor da casa: "Senhor, isto que tens aqui é verdadeiramente o Paraíso. Eis Nosso Senhor Jesus Cristo em pessoa, Sua Mãe puríssima e Seus santos; e estas" — apontei para os livros — "são as suas palavras e doutrinas vivificantes e inspiradas por Deus, que jamais se poderão reduzir ao silêncio. Parece-me que gozas freqüentemente do colóquio espiritual com elas."

"Sim, é verdade", disse o senhor. "Amo a leitura."

"E que sorte de livros tens aqui?", perguntei.

"Tenho muitos livros espirituais", respondeu. "Eis o *Menaion*[11] para o ano inteiro e as obras de São João Crisóstomo[12] e São Basílio Magno[13]. Há muitas obras filosóficas e teológicas, bem como coletâneas de sermões dos mais célebres pregadores da nossa época. Minha biblioteca vale cinco mil rublos."

"Não terias, por acaso, um livro sobre a oração?", perguntei.

"Adoro ler sobre a oração. Eis a obra mais recente sobre esse assunto, escrita por um sacerdote de São Petersburgo." Ele tomou nas mãos um livro sobre a Oração do Senhor, que começamos, com todo gosto, a ler em voz alta.

Algum tempo depois, a senhora da casa trouxe-nos chá, ao passo que as crianças trouxeram uma cesta de prata cheia de doces como eu jamais vira antes. O marido tomou o livro de minhas mãos, deu-o à esposa e disse: "Já que ela lê tão bem, faremos com que leia para nós

106   O Caminho de um Peregrino

14 Máximo, o Confessor (580-662): Teólogo ortodoxo de extrema importância, cuja principal ocupação foi a de definir o lugar que o homem ocupa na teologia. Tornou-se conhecido como eloqüente adversário dos numerosos movimentos heréticos de sua época. O Peregrino refere-se certamente ao tratado "Sobre a Oração do Senhor", que consta da parte dedicada a São Máximo na *Filocalia*.

15 São Pedro de Damasco: pouco se sabe acerca desta figura cujos escritos ocupam mais espaço na *Filocalia* do que os de qualquer outro santo. Com base nas épocas em que viveram os autores por ele citados, é difícil que o próprio São Pedro tenha vivido antes do século XI, mas os detalhes de sua biografia nos são desconhecidos.

enquanto nos reconfortamos." Ela começou a ler e nós ouvíamos. Enquanto ouvia, eu conseguia ao mesmo tempo prestar atenção na oração que meu coração fazia. Quanto mais ela lia, tanto mais forte se tornava a oração, e tanto mais me enchia de gozo. Súbito, um vulto pareceu cruzar o ar à minha frente — um vulto como o de meu finado stárets. Estremeci, mas, como não queria que eles o percebessem, disse rapidamente: "Perdoai-me, acho que cochilei." Nesse instante, senti que o espírito de meu stárets como que penetrava no meu próprio espírito, iluminando-o. Meu entendimento como que se esclareceu e um sem-número de pensamentos sobre a oração vieram-me à mente. Fiz o sinal-da-cruz na tentativa de expulsar esses pensamentos, e nesse mesmo momento a senhora da casa terminou de ler o livro. Seu marido perguntou-me se eu o havia apreciado e começamos a comentá-lo.

"Apreciei-o deveras", repliquei. "A Oração Dominical — o Pai-Nosso — é mais exaltada e preciosa do que qualquer outra oração cristã, pois nos foi dada por Nosso Senhor Jesus Cristo em pessoa. O comentário sobre ela é muito bom, exceto pelo fato de tratar principalmente das obras cristãs. Nas minhas leituras dos Santos Padres, conheci também os comentários místicos e contemplativos que se fazem a essa oração."

"Em qual dos Padres os encontraste?", perguntou o dono da casa.

"Ora, em São Máximo, o Confessor[14], por exemplo, e, na *Filocalia*, na seção dedicada a São Pedro Damasceno[15].

"Acaso não te lembras de nada que leste? Fala-nos a respeito, por gentileza!"

"Decerto! Tomemos as primeiras palavras da oração: *Pai nosso, que estás no céu*. No livro que lemos hoje, a interpretação dessas palavras é compreendida como uma convocação a nos amarmos uns aos outros, uma vez que somos todos filhos do mesmo Pai. Isso é verdade, mas os Padres o explicitam ainda mais, num nível espiritual mais profundo. Eles dizem que essas palavras são um apelo a elevar a mente ao céu, ao Pai celestial, e a nos lembrarmos da nossa obrigação de viver na presença de Deus a cada momento. As palavras *santificado seja o Vosso Nome* são explicadas no teu livro como um sinal de reverência, de modo que o Nome de Deus não seja jamais conspurcado ou pronunciado em vão. Em suma, o Nome de Deus deve ser pronunciado com reverência e não

108 O Caminho de um Peregrino

❖ "A invocação incessante do nome de Deus cura o homem não só das paixões, mas também das ações; e, assim como o remédio afeta o doente sem que este compreenda por quê, assim também a invocação do nome de Deus destrói as paixões de uma maneira que está acima da nossa compreensão."

—São Barsanúfio, o Grande

❖ "Quanto mais a chuva cai sobre a terra, tanto mais a torna macia; do mesmo modo, o santo nome de Cristo alegra tanto mais a terra do nosso coração quanto mais o invocamos."

—Santo Hesíquio, o Sacerdote

16 A obra é intitulada "Um Tesouro de Conhecimento Divino".

deve ser tomado em vão. Já os comentadores místicos vêem essas palavras como um pedido inequívoco do dom da prece interior do coração — um pedido de que o santíssimo Nome de Deus seja gravado em nosso coração e santificado pela oração que age por si mesma, de modo a santificar, por sua vez, todos os nossos sentimentos e faculdades espirituais.

"As palavras *venha o Vosso Reino* são explicadas pelos comentadores místicos da seguinte maneira: que a paz interior, a tranqüilidade e alegria espiritual penetrem em nossos corações. Teu livro explica as palavras *o pão nosso de cada dia nos dai hoje* como um pedido de que as necessidades materiais do nosso corpo sejam atendidas — não em excesso, mas o bastante para satisfazer-nos e capacitar-nos a atender, por nossa vez, aos necessitados.

"Entretanto, São Máximo, o Confessor, interpreta o 'pão nosso de cada dia' como o alimento da alma, que se alimenta do pão do céu — a Palavra de Deus —, e como a união da alma com Deus por meio da constante recordação d'Ele e da prece perpétua do interior do coração."

"Ah! Grande é essa obra, mas é quase impossível para os que vivem no mundo praticar a oração interior!", exclamou ele. "Podemos considerar-nos afortunados quando, com a ajuda do Senhor, conseguimos simplesmente fazer nossas orações com diligência!"

"Peço-te, senhor, que mudes o teu ponto de vista. Se essa obra fosse tão impossível ou excessivamente difícil, o Senhor jamais nos teria instruído a praticá-la. Também na fraqueza se manifesta a Sua força. Pela sua própria experiência, os Santos Padres nos oferecem caminhos e métodos que nos facilitam a realização da oração do coração. É certo que ensinam métodos especiais e mais adiantados para os eremitas, mas prescrevem também métodos convenientes que servem como orientações confiáveis para os leigos que almejam chegar à oração do coração."

"Nas minhas leituras, nunca encontrei algo tão detalhado quanto isso", disse o pai de família.

"Se quiseres, poderei ler para ti um trecho da *Filocalia*." Busquei minha *Filocalia*, achei o artigo de São Pedro de Damasco na seção 3[16] e li a seguinte passagem: 'Mais do que prestar atenção à respiração, o homem deve aprender a invocar o nome de Deus em todo tempo, em

110   O Caminho de um Peregrino

17 O "Acatista ao Dulcíssimo Jesus" segue o modelo geral dos acatistas, compostos de quatorze partes. Eis a primeira:

Criador dos Anjos e Senhor dos Exércitos, assim como em outros tempos abristes os ouvidos e soltastes a língua daquele que era surdo e mudo, abri agora a minha mente perplexa e soltai a minha língua para que, louvando o Vosso Nome santíssimo, possa eu clamar:

Jesus, admirabilíssimo, Maravilha dos Anjos!

Jesus, poderosíssimo, Libertação dos Antepassados!

Jesus, dulcíssimo, Exultação dos Patriarcas!

Jesus, gloriosíssimo, Dominação dos Reis!

Jesus, desejabilíssimo, Cumprimento dos Profetas!

Jesus, louvabilíssimo, Perseverança dos Mártires!

Jesus, agradabilíssimo, Consolação dos Monges!

Jesus, compassibilíssimo, Doçura dos Presbíteros!

Jesus, misericordiosíssimo, Abstinência dos Jejuadores!

Jesus, suavíssimo, Alegria dos Justos!

Jesus, puríssimo, Sobriedade das Virgens!

Jesus, pré-eterno, Salvação dos Pecadores!

Jesus, Filho de Deus, tende misericórdia de mim!

todo lugar, qualquer que seja a atividade à qual se dedique. Diz o Apóstolo: Orai sem cessar. Ou seja, ele prega a recordação constante de Deus em todo tempo, em todo lugar e sob todas e quaisquer circunstâncias. Se estiveres ocupado com algo, lembra-te do Criador de todas as coisas; quando vires a luz, lembra-te d'Aquele que deu a luz para ti. Se contemplares o céu, a terra, as águas e tudo o que neles há, admira-te e glorifica o Criador de tudo. Ao vestir-te, lembra-te d'Aquele que te deu as vestes e agradece a Ele, que providencia todas as coisas na tua vida. Em suma, que toda ação seja uma ocasião para que te recordes de Deus e o louves. Sem que te dês por isso, em pouco tempo estarás orando incessantemente, e tua alma sempre há de rejubilar-se nessa oração.' Vês agora como este método para a prática da oração incessante é conveniente, fácil e acessível a qualquer pessoa que tenha pelo menos algum sentimento humano?"

Tudo isso os impressionou muito. O pai de família abraçou-me com ternura e agradeceu-me. Examinou então minha *Filocalia* e disse: "Encomendarei, assim que possível, um livro destes em São Petersburgo. Por hora, devo copiar esta passagem, para não me esquecer dela. Por favor, lê-a de novo para mim." Escreveu-a rápida e primorosamente e então exclamou: "Meu Deus! Ora, tenho até um ícone do santo Damasceno!" Tomou uma moldura de quadro, pôs a folha escrita por trás do vidro e pendurou a moldura sob o ícone. "Pronto", disse. "A palavra viva do santo de Deus, pendurada sob a sua imagem. Servirá para lembrar-me sempre de pôr em prática o seu salutar conselho."

Depois disso, sentamo-nos para cear na companhia das mesmas pessoas de antes, homens e mulheres. Que silêncio reverente, que paz havia naquela mesa! Depois da refeição, todos nós, adultos e crianças, passamos muito tempo em oração. Pediram-me que cantasse o hino "Acatista ao Dulcíssimo Jesus"[17].

Depois das preces, os criados se retiraram para seus quartos, mas nós três permanecemos na sala. A senhora me trouxe uma camisa branca e meias. Prostrei-me diante dela e disse: "Mãe querida, não posso aceitar as meias, pois nunca usei tal coisa em toda a minha vida. Os camponeses como eu estão acostumados a envolver os pés em tiras de linho grosso." Ela se apressou em sair da sala e, ao voltar, trouxe consigo um velho vestido de tecido amarelo, o qual cortou pela metade para

112 O Caminho de um Peregrino

18 João 13:3-20.

19 Nas igrejas ortodoxas, o altar corresponde ao que nas igrejas ocidentais costuma-se chamar o santuário: a área em que a Eucaristia é celebrada e para a qual se voltam todos os membros da congregação. Essa área é separada da nave (a parte maior da igreja, onde fica a congregação) por uma tela ou biombo coberto de ícones, chamado iconóstase. A iconóstase contém três portas: as portas centrais ou "reais" — porta dupla pela qual só passam os clérigos — e duas portas simples e menores, uma de cada lado. A mulher e sua filha provavelmente estavam próximas de uma dessas "portas diaconais" menores, para poderem ver o que acontecia no altar. Em geral, não se permitia que as mulheres ultrapassassem a iconóstase, e nem mesmo os homens que não fossem clérigos ou não estivessem servindo como acólitos. Por isso, o fato de o Peregrino e seu anfitrião estarem ao lado do altar durante a Liturgia deve ser considerado incomum.

A elevação dos Dons a que o Peregrino se refere é o momento em que o sacerdote, ao pé do altar, eleva o pão e o vinho para oferecê-los a Deus.

20 O nome da mulher era Maria; "Masha" é um dos diminutivos de Maria.

fazer duas tiras. "Olha!", disse o pai de família. "O calçado deste pobre homem está caindo aos pedaços." Trouxe então um par de galochas grandes e novas, do tipo que se usa por sobre as botas que pertenciam a ele mesmo. "Vai para aquela sala vazia e troca de roupa", disse. Foi o que fiz, e, quando voltei, eles me fizeram sentar e começaram a trocar-me os sapatos. O marido envolvia meus pés nas tiras de tecido e a mulher calçava-me as galochas sobre elas. A princípio protestei, mas eles insistiram, dizendo: "Senta-te em silêncio — Cristo lavou os pés de Seus apóstolos."[18] Nada pude fazer, exceto prorromper em lágrimas. Eles choravam junto comigo. Mais tarde, a senhora da casa retirou-se para dormir, levando consigo as crianças, ao passo que eu e o pai de família fomos para a casa de verão que havia no jardim.

Como não tínhamos sono, por muito tempo permanecemos acordados a conversar.

Depois do nosso colóquio, eu e o senhor da casa dormimos por cerca de uma hora, até ouvirmos o sino que chamava para as matinas. Levantamo-nos e fomos para a igreja. Assim que entramos vimos a senhora, que já estava lá há algum tempo com as crianças. Ficamos de pé durante todo o ofício das matinas e a Divina Liturgia, que seguiu-se imediatamente. O senhor e eu ficamos no altar, acompanhados do menino, enquanto sua esposa e filha permaneciam próximas da porta do altar para poder ver a elevação dos Dons[19]. Mas como rezavam, ajoelhados, com lágrimas de alegria escorrendo pelo rosto! Todos pareciam tão radiantes que o simples ato de contemplá-los provocou-me à plenitude de minhas próprias lágrimas.

Ao fim da Liturgia, os nobres, o sacerdote, os criados e todos os mendigos foram para a sala de almoço da casa do meu anfitrião para comer. Havia cerca de quarenta mendigos, e todos — os coxos, os enfermos, as crianças — sentavam-se a uma única mesa. Que tranqüilidade! Juntando toda a minha coragem, eu disse ao senhor da casa: "Nos mosteiros, costumam-se ler as biografias dos santos durante as refeições. Como tens o Menaion completo, podes fazer o mesmo." Voltando-se para a esposa, ele disse: "Aliás, Masha,[20] por que não começamos

114   O Caminho de um Peregrino

21 Pela lei canônica, ou lei eclesiástica, os sacerdotes não podem casar-se de novo depois da morte da esposa — na verdade, só podem se casar uma vez, necessariamente antes da ordenação sacerdotal. Portanto, este sacerdote era celibatário por obrigação.

22 Nikitas Stethatos (c. 1000-c. 1092): monge e sacerdote de Constantinopla, biógrafo de São Simeão, o Novo Teólogo (ver p. 32), e seu discípulo. O trecho citado é de "Sobre a Prática das Virtudes: Cem Textos".

23 Dons Pré-Santificados: parte do pão e do vinho da Comunhão é reservada e deixada sobre o altar, a fim de ser levada aos enfermos. O cristão ortodoxo piedoso gostaria de receber os Dons Pré-Santificados antes de morrer — e é por isso que o sacerdote corre a buscá-los "só para garantir".

a fazer isso regularmente? Será muito edificante. Serei o primeiro a ler, nesta refeição, e tu lerás na próxima, e na outra o padre poderá ler. Depois disso, todos os que souberem ler poderão revezar-se."

O sacerdote, que ainda estava comendo, disse: "Gosto muito de ouvir, mas, quanto a ler — com todo o respeito, não tenho tempo. Logo que chego em casa, tenho tantas coisas para fazer, tantos cuidados e deveres a cumprir, que mal sei por onde começar. Primeiro é preciso fazer uma coisa, logo depois, outra; e há todas as crianças, e é preciso soltar as vacas. Meus dias são tão cheios de atividade que perdi o gosto pela leitura e pelo estudo. Já faz muito tempo que esqueci até mesmo o que aprendi no seminário." Quando ouvi isso, estremeci, mas a senhora da casa, que estava sentada a meu lado, pegou-me a mão e disse: "O padre fala assim por humildade. Sempre se humilha, mas é o mais justo e bondoso dos homens. Já faz vinte anos que é viúvo e cria todos os seus netos, além de celebrar freqüentes serviços na igreja."[21] Suas palavras lembraram-me do seguinte dito de Nikitas Stethatos[22] na *Filocalia*: "A natureza das coisas é medida pela disposição interior da alma; ou seja, o tipo de pessoa que se é determina o que se pensa dos outros." E diz ainda: "Aquele que alcançou a oração e o amor verdadeiros já não divide o mundo em categorias. Não separa os justos dos pecadores, mas ama a todos igualmente e não os julga, assim como Deus dá o sol para brilhar e a chuva para cair sobre os justos e os injustos."

A isso seguiu-se um novo silêncio. Um mendigo cego da casa de hóspedes sentava-se à minha frente. O senhor da casa o alimentava, cortando-lhe o peixe e dando-lhe na boca colheradas de caldo. Percebi que os lábios do cego estavam sempre entreabertos e que sua língua se movia dentro da boca, numa espécie de tremor. Perguntei-me então se ele não seria um homem de oração, e continuei a observá-lo. Ao fim da refeição, uma das senhoras mais idosas de repente passou mal e começou a gemer. O chefe da casa e sua esposa levaram-na para o quarto deles e deitaram-na na cama. A esposa ficou com ela enquanto o sacerdote correu para buscar os Dons Pré-Santificados[23], só para garantir. Enquanto isso, o senhor da casa mandou aprontar sua carruagem e saiu para buscar o médico; todos os demais se retiraram.

Eu sentia uma espécie de quietude interior, uma necessidade profunda de deixar minha alma derramar-se em oração, pois já fazia qua-

116   O Caminho de um Peregrino

24   Hesíquio de Jerusalém: ver p. 58.

25   Santo Efrém da Síria (c. 306-c. 373): diácono da Síria, escritor prolífico, autor de poesias, homilias, tratados e discursos, o mais influente de todos os cristãos que escreveram em siríaco (a língua falada na Síria antes de ser suplantada pelo árabe na segunda metade do primeiro milênio d.C.). Atribui-se-lhe a autoria da Oração Quaresmal de Sto. Efrém, que é recitada pelos cristãos ortodoxos muitas vezes no período da Quaresma, antes da Páscoa:

> Ó Senhor e Mestre da minha vida,
> Tira de mim o espírito de preguiça, desespero, sede de poder e conversação ociosa,
> Mas concede ao teu servo o espírito de castidade, humildade, paciência e amor.
> Sim, ó Senhor e Rei, concede-me ver os meus pecados e não julgar meu irmão e minha irmã,
> Pois és bendito pelos séculos dos séculos. Amém.

renta e oito horas que o silêncio e a solidão me eram desconhecidos. Parecia que no meu coração estava represada uma enorme quantidade de água, que ameaçava agora romper o dique que a retinha e espalhar-se pelo resto do corpo. O esforço de contê-la provocava uma espécie de dor no coração — uma sensação agradabilíssima — que exigia insistentemente a paz do silêncio e só podia ser atendida pela oração. Com isso, foi-me revelada a razão pela qual as pessoas que alcançam a verdadeira oração interior que age por si mesma fogem do convívio dos homens e se refugiam na solidão. Compreendi também por que o venerável Hesíquio[24] disse que até mesmo o mais benéfico colóquio não passa de um palavreado vão quando é levado a um excesso, assim como disse Santo Efrém da Síria[25]: "Uma boa palavra é de prata, mas o silêncio é ouro puro."

Enquanto pensava tudo isso, caminhei até a casa de hóspedes, onde todos estavam repousando após a refeição. Subi ao sótão, acalmei-me, descansei e rezei um pouco. Quando os mendigos se levantaram da sesta, encontrei o cego e caminhei com ele a um lugar que havia depois da horta, onde nos sentamos, só nós dois, e começamos a conversar.

"Diz-me, pelo amor de Deus, se é a oração de Jesus que rezas para o teu bem espiritual."

"Já faz um bom tempo que a tenho rezado sem cessar", respondeu ele.

"E o que me dizes dela?"

"Só isto: que não posso passar sem a oração nem de dia nem de noite."

"Como Deus te revelou essa prática? Não me escondas nada, irmão caríssimo."

"Bem, no passado, eu ganhava a vida na profissão de alfaiate, e viajava para outros povoados e províncias para fazer roupas para os camponeses.

"Certa vez, aconteceu de eu passar um tempo maior num dos povoados, morando na casa de um camponês para cuja família estava fazendo roupas. Num dia de festa, vi três livros postos ao lado do lugar dos ícones e perguntei: 'Quem, nesta casa, sabe ler?' 'Ninguém', responderam-me. 'Quem nos deixou estes livros foi o nosso tio, que sabia ler e escrever.' Tomei então um dos livros e abri-o a esmo. Aconteceu

118   O Caminho de um Peregrino

❖ "Que toda pessoa piedosa repita continuamente este Nome como oração, com a mente e com a língua. Que se esforce sempre para fazer isso estando de pé, em viagem, sentada, em repouso, falando e fazendo todas as coisas. Encontrará então grande paz e alegria, como sabem por experiência aqueles que disso se ocuparam. Essa atividade deve ser feita tanto pelos que vivem no mundo quanto pelos monges que sofrem tribulação. Cada qual deve esforçar-se para se ocupar dessa oração, mesmo que somente numa medida limitada. Todos — monges, clérigos e leigos — devem tomar esta oração como guia, praticando-a cada qual de acordo com a sua capacidade."

—Simeão, Arcebispo de Tessalônica

26 "Águas negras": expressão coloquial que significa o glaucoma.

então que, numa determinada página, li a seguinte passagem, que conservo na memória até hoje: 'A oração perpétua é a invocação constante do nome de Jesus Cristo, quer se esteja conversando, quer sentado, quer a caminhar, quer a trabalhar, quer a comer, quer mesmo ocupado com qualquer outra atividade — em todo tempo e em todo lugar deve-se invocar o Nome de Deus.' Depois de ler isso, comecei a perceber que seria muito conveniente para mim pô-lo em prática. Assim, comecei a repetir a oração num sussurro enquanto costurava, o que me agradou muito. Os outros, porém, que moravam comigo na cabana, notaram o meu comportamento e começaram e ridicularizar-me. 'Que és tu, um feiticeiro?', perguntavam. 'O que estás a sussurrar o tempo inteiro? Acaso queres lançar um feitiço?' Assim, para encobrir o que fazia, parei de mover os lábios e passei a rezar somente com a língua. Por fim, acostumei-me a tal ponto com a oração que minha língua passou a pronunciar por si mesma essas palavras de dia e de noite, o que é extremamente agradável.

"Assim vivi por bastante tempo, caminhando de povoado em povoado para costurar, até que de repente fui afligido pela cegueira. Quase todos os membros de nossa família sofrem das 'águas negras'[26]. Quando caí na pobreza, a corporação de ofício enviou-me para um albergue em Tobolsk, a capital da nossa província. Era para lá que eu estava indo quando o senhor e a senhora insistiram para que parasse aqui, a fim de arranjar uma carroça que me levasse até lá."

"Qual era o título do livro que leste?", perguntei-lhe. "Não era, por acaso, a *Filocalia*?"

"Sinceramente, não sei; nem sequer olhei o título."

Levei-lhe então minha *Filocalia* e, na parte 4, encontrei a passagem do Patriarca Calisto que o cego acabara de citar de memória. Li-a de novo e ele exclamou: "É ela, é ela mesma! Lê mais, irmão — isso é verdadeiramente maravilhoso!"

Quando cheguei ao trecho "Deve-se rezar com o coração", ele começou a me assediar com perguntas: "O que significa isso?", e "Como se faz isso?" Disse-lhe que todos os ensinamentos sobre a oração do coração estavam contidos em detalhe naquele livro, a *Filocalia*. Implorou-me então que lhe lesse tudo.

"Já sei o que fazer", eu disse. "Quando vais para Tobolsk?"

120 O Caminho de um Peregrino

❖ "A cabeça e o princípio de todas as virtudes é, na medida do possível, a oração incessante a Nosso Senhor Jesus Cristo, a qual é chamada, abreviadamente, de Oração de Jesus. Acerca dela, diz o Apóstolo: 'Orai sem cessar' (I Tessalonicenses 5:17). Ou seja, deve-se invocar sempre o nome de Deus, quer estejamos conversando, quer sentados, quer a caminhar, quer em trabalho, quer à mesa, quer fazendo qualquer outra coisa. Em todo tempo e em todo lugar convém invocar o nome de Deus. Pois por meio dele, diz o Crisóstomo, eliminam-se as tentações do inimigo. Diz São João Clímaco: Vence os guerreiros com o nome de Jesus, pois não encontrarás arma mais poderosa nem no céu, nem na terra. A oração é o fim do sofrimento e do desânimo, o nascimento da mansidão e da doçura, oferenda de alegria e ação de graças; e inúmeras coisas boas são adquiridas pela oração."

—Da "Indicação das Disposições Espirituais e Virtudes Mais Essenciais",
do Abade Nazário (1735-1809) do Mosteiro de Valaam,
perto de São Petersburgo (*Little Russian Philokalia*, vol. 2
[Platina, Califórnia: St. Herman Brotherhood, 1983], p. 66)

"Estou pronto para partir a qualquer hora."

"Façamos, pois, o seguinte: como também tenho a intenção de partir amanhã, poderemos viajar juntos, tu e eu; e, a caminho, poderei ler-te tudo o que se diz acerca da oração do coração. Explicar-te-ei também o que fazer para encontrar o lugar do coração e nele penetrar."

"Mas, e a carroça?", perguntou.

"Para que precisamos de uma carroça? Na verdade, não são mais do que cento e sessenta quilômetros daqui até Tobolsk, e caminharemos lentamente. Pensa em como será bom viajarmos juntos. Ser-nos-á muito mais fácil falar e ler sobre a oração enquanto caminhamos." Concordamos, pois, em fazer o que eu tinha dito.

Naquela tarde, o próprio senhor da casa veio nos chamar para o jantar. Depois da refeição, disse-lhe que o cego e eu viajaríamos juntos e não precisaríamos da carroça, uma vez que, sem ela, nos seria mais fácil ler a *Filocalia*. Quando ouviu isso, disse o senhor: "Também gostei da *Filocalia*. Tanto, aliás, que já escrevi uma carta, incluindo junto com ela algum dinheiro, que enviarei a São Petersburgo amanhã, quando estiver a caminho do tribunal. Nela, peço que me mandem o livro imediatamente."

No dia seguinte partimos, depois de agradecer calorosamente aos nossos anfitriões pelo seu amor e pela generosa hospitalidade. Caminharam conosco quase um quilômetro e depois nos separamos deles.

O cego e eu íamos caminhando de pouco em pouco, não mais do que dez a dezesseis quilômetros por dia. No restante do tempo, sentávamo-nos em lugares ermos e líamos a *Filocalia*. Li para ele tudo o que o livro dizia sobre a oração do coração segundo a ordem que me fora indicada pelo meu falecido stárets, começando com os livros de Nicéforo, o Solitário, de São Gregório do Sinai, e assim por diante. Com quanto desejo e quanta atenção ele assimilava todas as coisas, e como elas o agradavam e deliciavam! Começou então a fazer-me perguntas sobre a oração que eu não era capaz de responder. Depois de lermos todas as passagens pertinentes da *Filocalia*, ele me implorou que lhe mostrasse na prática como a mente pode encontrar o coração, como fazer o Nome de Jesus Cristo penetrar no coração e como saborear as delícias da prece interior do coração. Expliquei-lhe o seguinte: "És cego e não vês nada, mas não és capaz de imaginar, na mente, aquilo que

122 O Caminho de um Peregrino

❖ "A prática incessante da oração mental interior deve ser a ocupação espiritual mais desejada, tanto mais porque é acessível e conveniente mesmo durante todos os trabalhos físicos e ocupações terrenas — ao tomar-se alimento e bebida, ao caminhar-se, ao cumprirem-se as obediências comuns — sempre e em toda parte, de dia e de noite, desde que a mente e o coração atentem para o trabalho interior ao qual devem se dedicar. Nossos sábios e santos pais, que aprenderam por experiência o quanto ela é doce e poderosa, nos legaram muitos escritos acerca da oração mental de Jesus; assim diz um homem que leva em si o Espírito: 'Com o nome de Jesus, ou com o pensamento sinceramente fixado em Jesus, congrega-se um grande poder: ele expulsa as paixões, reprime os demônios e enche o coração de uma quietude e de uma alegria celestes.'"

—Abadessa Thaisia do Convento de Leushino (m. em 1915), de uma carta a uma de suas freiras (*Letters to a Beginner: On Giving One's Life to God* [Wildwood, Califórnia: St. Xenia Press, 1993], p. 96)

outrora podias ver com teus olhos — uma pessoa, ou um objeto, ou um dos teus membros, como uma mão ou um pé? Não és capaz de imaginá-los tão vivamente quanto se estivesses de fato olhando para eles, e não consegues concentrar neles até mesmo os teus olhos cegos?"

"De fato, posso fazer isso", disse o cego.

"Ora, pois, faz a mesma coisa, e procura visualizar com a mente o teu coração. Volta os olhos como se o estivesses contemplando através da parede torácica. Procura visualizá-lo o mais vivamente possível com a tua mente e ouve o ritmo constante dos seus batimentos. Quando tiveres conseguido fazer isso, começa a repetir as palavras da oração, cada qual junto com uma batida do teu coração, mantendo os teus olhos voltados para ele o tempo todo. Assim, com a primeira batida dirás, verbal ou mentalmente, a palavra *Senhor*; com a segunda, *Jesus*; com a terceira, *Cristo*; com a quarta, *tem misericórdia*; com a quinta, *de mim*. Repete-o incessantemente. Isso não te será difícil, uma vez que já aprendeste os rudimentos da oração do coração.

"Por fim, quando te acostumares com isso, poderás começar a recitar toda a oração de Jesus no coração, de acordo com um ritmo estável de inspiração e expiração, como ensinaram os Padres. Ao inalar o ar, visualiza o teu coração e diz *Senhor Jesus Cristo*. Ao exalá-lo, diz *tem misericórdia de mim!* Faze isso o máximo que puderes e logo sentirás uma dor delicada mas agradável no teu coração, a qual será seguida por um calor de ternura. Se o fizeres, com a ajuda de Deus chegarás à deliciosa oração interior do coração, que age por si mesma. Entretanto, nesse meio-tempo, guarda-te contra as imaginações mentais e as visões de toda espécie. Rejeita tudo o que for produzido pela tua imaginação, pois os Santos Padres, sem exceção alguma, ensinam que a oração interior deve ser um exercício do qual a visão está rigorosamente excluída, para que a pessoa não se deixe levar pela ilusão e pelos enganos."

O cego ouviu atentamente tudo o que eu lhe disse e depois começou a praticar com fervor o método de oração que lhe dei, especialmente à noite, quando parávamos para descansar.

Ao cabo de cerca de cinco dias, ele começou a sentir um calor intenso e uma sensação indescritivelmente agradável no seu coração, associada ao grande desejo de se dedicar continuamente a essa oração, que despertava nele o amor por Nosso Senhor Jesus Cristo. Ele começou,

124 O Caminho de um Peregrino

❖ "Na recitação da oração de Jesus, somos instruídos a evitar, na medida do possível, todas as imagens específicas. Nas palavras de São Gregório de Nissa, 'O Esposo está presente, mas não é visível.' A oração de Jesus não é uma forma de meditação imaginativa sobre os diversos incidentes da vida do Cristo. Porém, ao mesmo tempo em que repudiamos todas as imagens, devemos concentrar plenamente a nossa atenção nas palavras, ou melhor, como que 'dentro' das palavras. A oração de Jesus não é um simples encantamento hipnótico, mas uma expressão significativa, uma invocação dirigida a outra Pessoa. Seu objetivo não é o relaxamento, mas um estado de alerta; não é um dormir acordado, mas uma oração viva. Assim, a oração de Jesus não deve ser proferida mecanicamente, mas com um propósito interior; ao mesmo tempo, as palavras devem ser pronunciadas sem tensão, sem violência, sem nenhuma ênfase indevida. O barbante com o qual amarramos nosso pacote espiritual deve estar teso, não frouxo; porém, não deve ser apertado a ponto de vincar ou cortar os lados do pacote."

—Bispo Kallistos Ware, *The Orthodox Way*, p. 164

de quando em quando, a ver uma luz, embora não discernisse nela nenhum objeto visível. Às vezes, quando entrava em seu coração, parecia-lhe que uma forte chama, como a de uma grande vela, acendia-se dentro do coração, enchia-o de gozo e iluminava todo o seu ser à medida que subia e saía pela garganta. Essa luz possibilitava que ele visse coisas mesmo a grande distância, o que de fato aconteceu numa ocasião.

Estávamos caminhando por uma floresta e ele, silencioso, estava plenamente absorto na oração. De repente, disse-me: "Que lástima! A igreja está em chamas, e vê — o campanário caiu."

"Estás imaginando coisas", eu disse. "Isso não passa de uma tentação. Deves livrar-te rapidamente de todos os pensamentos. Como podes ver o que está acontecendo na cidade, se estamos ainda distantes dela mais de doze quilômetros?"

Ele aceitou o meu conselho, continuou a rezar e mergulhou no silêncio. Cerca do cair da tarde, chegamos à cidade, onde de fato vi vários edifícios arrasados pelo fogo e um campanário caído, construído sobre pilares de madeira. Muita gente estava por lá, admirada de que ninguém tivesse sido morto ou ferido quando o campanário caiu. Pelos meus cálculos, a tragédia ocorrera exatamente na mesma hora em que o cego me falara de sua visão. Disse-me ele então: "Tu disseste que eu estava imaginando coisas, mas, não obstante, tudo aconteceu como eu havia visto. Como podemos deixar de ter amor e gratidão por Nosso Senhor Jesus Cristo, que manifesta a Sua graça aos pecadores, aos cegos e aos ignorantes! Agradeço também a ti, por me ensinares a obra do coração."

"Podes e deves amar a Nosso Senhor Jesus Cristo e ter por ele a gratidão que quiseres", eu disse, "mas toma cuidado para não aceitar as visões como revelações diretas da graça, pois essas coisas podem ocorrer, e com freqüência ocorrem, como meras manifestações naturais. A alma humana não é, em absoluto, limitada pelo espaço e pela matéria. Ela pode ver os acontecimentos mesmo na escuridão, mesmo a enormes distâncias, como se estivessem acontecendo ao lado. Somos nós que, de hábito, não damos livre curso a essa faculdade da nossa alma e a sufocamos sob o peso quer da carnalidade do corpo, quer dos nossos pensamentos confusos e idéias dispersas. Não obstante, quando concentramos a atenção no homem interior, damos de mão a todas as coi-

126 O Caminho de um Peregrino

❖ "Ao praticares a oração de Jesus, lembra-te de que, de todas as coisas, a mais importante é a humildade; depois dela, a capacidade — não a simples intenção — de conservar sempre uma noção clara da própria responsabilidade para com Deus, para com o diretor espiritual, para com as outras pessoas e até para com os objetos. Lembra-te também de que Isaac, o Sírio, nos avisa que a ira de Deus se abate sobre todos os que recusam a cruz amarga da agonia, a cruz do sofrimento ativo, e que, na busca de obter visões e graças especiais de oração, extraviam-se e têm a pretensão de usurpar as glórias da cruz. Diz também: 'A graça de Deus chega por si, de repente, sem que sua aproximação se faça sentir. Vem quando a casa está limpa.' Portanto, com todo cuidado e diligência, limpa constantemente a casa; limpa-a com a vassoura da humildade."

—Stárets Macário, do Mosteiro de Optina (m. em 1860)

sas exteriores e tornamos mais sutil a nossa mente, a alma encontra a sua mais verdadeira satisfação e exerce os seus mais elevados poderes, e tudo isso é perfeitamente natural. Meu finado stárets ensinou-me que mesmo aqueles que não rezam, mas que têm uma certa capacidade ou sofrem de certas doenças, são capazes de ver, mesmo no mais escuro dos ambientes, uma aura de luz que se irradia de todas as coisas. Porém, o que ocorre durante a oração do coração é uma decorrência direta da graça de Deus, e é uma delícia tão grande que nenhuma língua pode descrevê-la, nem sequer compará-la com outras coisas. Todas as sensações físicas são vis em comparação com a jubilosa experiência da graça agindo no interior do coração."

Meu amigo cego ouviu tudo isso com a máxima atenção e tornou-se ainda mais humilde. A oração continuou crescendo dentro do seu coração, alegrando-o além de toda medida. Rejubilei-me com isso de todo o meu coração e agradeci fervorosamente a Deus por ter-me dado a graça de encontrar esse bem-aventurado servo Seu.

Por fim, chegamos a Tobolsk, onde levei-o ao albergue. Depois de uma despedida afetuosa, deixei-o ali e prossegui na minha jornada.

Por um mês, caminhei sem pressa, refletindo profundamente sobre o quanto podem ser edificantes e animadoras as boas experiências da vida. Eu lia freqüentemente a *Filocalia* para confirmar todas as coisas que havia dito ao cego sobre a oração. O exemplo dele despertava em mim o zelo, a gratidão e o amor pelo Senhor. A oração do coração deliciava-me a tal ponto que eu achava que não poderia haver em todo o mundo quem fosse mais feliz do que eu, e não era capaz de imaginar um contentamento maior e mais profundo do que aquele nem mesmo no Reino dos Céus. Isso tudo, eu não sentia só dentro de mim, mas também fora — todas as coisas ao meu redor pareciam-me maravilhosas e inspiravam-me o amor e a gratidão por Deus. Os homens, as árvores, as plantas e os animais — eu percebia o meu íntimo parentesco com todos eles e descobria de que maneira cada qual portava o selo do Nome de Jesus Cristo. Às vezes, eu me sentia tão leve que parecia que não tinha corpo e não estava caminhando, mas flutuando alegremente pelo ar. Em outras circunstâncias, penetrava tão profundamente dentro de mim mesmo que contemplava claramente todos os meus órgãos interiores, e isso me levava a maravilhar-me com a sabedoria que ordenou a criação do corpo humano. Por vezes, eu conhecia tamanha alegria

128   O Caminho de um Peregrino

❖ "Bem-aventurados os que se acostumam com esta atividade celeste, pois por ela eles vencem todas as tentações dos espíritos maus, como Davi venceu o orgulhoso Golias. Por esse meio apagam os desejos desordenados da carne, como os três jovens apagaram as chamas da fornalha. Por meio da oração mental são domadas as paixões, como Daniel domou as feras selvagens. Ela faz com que o orvalho do Espírito Santo se deposite sobre o coração, da mesma maneira que as orações de Elias fizeram cair a chuva sobre o Monte Carmelo. Essa oração mental chega até o próprio Trono de Deus, onde é conservada em vasos de ouro e, à semelhança de um turíbulo de incenso, faz desprender uma suave fragrância perante o Senhor, como viu São João, o Teólogo, em sua revelação: *Os vinte e quatro anciãos prostraram-se diante do Cordeiro, tendo cada um cítaras e taças de ouro cheias de perfumes, que são as orações dos santos* (Apocalipse 5:8). Essa oração mental é a luz que ilumina a alma do homem e acende em seu coração o fogo do amor a Deus. É a cadeia que liga Deus ao homem e o homem a Deus. Oh, não há nada que possa comparar-se à graça da oração mental, que faz do homem um íntimo de Deus! Ó obra admirabilíssima e verdadeiramente maravilhosa! No corpo estás entre os homens, mas mentalmente estás em colóquio com Deus.

—São Gregório Palamas (ver p. 34)

27 São João de Cárpatos: ver p. 74.

que me sentia como um rei. Nesses momentos de consolação, eu desejava que Deus me concedesse uma morte prematura, a fim de que pudesse, no céu, lançar-me aos Seus pés em gratidão.

Não obstante, tornou-se-me evidente que o meu gozo dessas experiências era controlado ou havia sido regulado pela vontade de Deus, porque logo comecei a sentir no coração uma espécie de ansiedade e de medo. "Espero que este não seja mais um sinal de desgraça ou infelicidade iminentes", pensei. Nuvens de pensamentos desceram sobre a minha mente e lembrei-me então das palavras do bem-aventurado João de Cárpatos[27], que disse que o mestre muitas vezes se submete a humilhações e sofre infortúnios e tentações em vista daqueles que dele hão de se beneficiar espiritualmente. Depois de combater um pouco com esses pensamentos, comecei a rezar com mais fervor e os pensamentos foram completamente expulsos do meu ser. Com isso, senti-me encorajado e disse a mim mesmo: "Seja feita a vontade de Deus! Estou pronto a suportar pela minha baixeza e arrogância tudo o que Jesus Cristo houver por bem colocar no meu caminho — pois até aqueles a quem recentemente revelei o segredo do caminho do coração e da prece interior haviam sido preparados diretamente pela orientação oculta de Deus, antes mesmo de eu vir a encontrá-los." Essa idéia me tranqüilizou e mais uma vez parti, tendo por companheiras a consolação e a oração, e sentindo-me ainda mais cheio de alegria do que antes.

Choveu durante cerca de dois dias e a estrada converteu-se num caminho de lama, que engolia minhas pernas e quase me impedia de caminhar. Avancei nesse passo através da estepe e por quase dezesseis quilômetros não encontrei nenhuma habitação humana. Por fim, ao cair da tarde, cheguei a uma casa de fazenda situada à beira da estrada. Fiquei contentíssimo e pensei com meus botões: "Posso pedir para passar a noite aqui e aceitarei de bom grado o que Deus houver por bem enviar-me amanhã de manhã. É possível que até o tempo melhore."

Quando cheguei mais perto, vi um bêbado trajando farda do exército e sentado num monte de terra ao lado da casa. Inclinei-me à frente dele e disse: "Há alguém a quem eu possa pedir para passar a noite aqui?"

"Quem mais poderia deixar-te fazer isso, senão eu?", berrou o velho. "Sou eu quem mando aqui! Este é um posto dos correios, e eu sou o encarregado."

"Então, Batushka, permites que eu passe a noite aqui?"

130 O Caminho de um Peregrino

❖ "A oração de Jesus colabora para que toda a vida, o corpo e a alma do homem se elevem a um grau em que os sentidos e a imaginação já não buscam as mudanças e estímulos exteriores, um grau em que tudo se subordina ao único objetivo de centrar toda a atenção do corpo e da alma em Deus, um grau em que o mundo é procurado e conhecido na beleza de Deus, e não Deus na beleza do mundo."

—Madre Maria de Normamby (1912-1977)

"Tens um passaporte? Preciso ver um documento que tenha valor perante a lei!"

Dei-lhe o meu passaporte. Com o documento na mão, ele perguntou de novo: "E então, onde está o passaporte?"

"Estás com ele", respondi.

"Ora, bem — vamos para dentro da cabana."

O encarregado dos correios pôs os óculos, estudou o passaporte e disse: "Não há dúvida de que é um documento legal. Podes pernoitar aqui. Fica sabendo que sou um homem bom. Vê — ofereço-te até mesmo uma revigorante bebida!"

"Nunca pus uma gota de álcool na boca em toda a minha vida", respondi.

"Ora, isso não importa! Nesse caso, podes pelo menos jantar conosco." Sentamo-nos à mesa, eu, ele e sua cozinheira, uma jovem camponesa que também estava um pouco bêbada. Depois de pôr-me sentado junto com eles, discutiram durante toda a refeição. Ao fim da refeição, eles estavam quase chegando às vias de fato. Então, o encarregado dos correios foi dormir na despensa enquanto a mulher limpava a mesa e lavava a louça, sem deixar por um só instante de praguejar contra o velho.

Fiquei sentado mais um pouco e percebi que ela levaria um certo tempo para se acalmar; então, eu disse: "Matushka, onde é que posso passar a noite? Estou exausto pela viagem."

"Aqui, querido pai, vou fazer-te uma cama." Puxou outro banco, encostou-o no que já havia próximo à janela da frente, cobriu-os com um cobertor de feltro e pôs um travesseiro numa das extremidades. Deitei-me, fechei os olhos e fingi que dormia. Ela continuou a trabalhar indolentemente por algum tempo até que, por fim, terminou a limpeza. Apagou o fogo e começava a caminhar na minha direção quando, de súbito, toda a janela situada na fachada da casa — os caixilhos, o vidro, tudo — caiu com enorme estrépito. A cabana inteira estremeceu e ouvimos, vindos lá de fora, um gemido de dor, gritos e o forte ruído de passos. A camponesa, tomada de inexprimível terror, deu um pulo para trás e postou-se no meio da sala, onde desabou no chão.

Eu mesmo me levantei ainda semiconsciente, pensando que o próprio chão sob meus pés se partira. Então vi dois cocheiros entrando na

132   O Caminho de um Peregrino

❖ "O stárets diz ao peregrino que, se você simplesmente ficar repetindo essa oração — no começo, pode ser só com os *lábios* —, o que acontece no fim é que a oração começa a agir por si mesma. Depois de um tempo, alguma coisa *acontece*. Não sei o que é, mas alguma coisa acontece, e as palavras ficam sincronizadas com as batidas do coração da pessoa, e então você está rezando sem parar. E isso tem um efeito tremendo, um efeito místico, sobre todo o seu jeito de ver as coisas. Quero dizer, é esse o *objetivo* de tudo isso, mais ou menos. Quero dizer, você faz isso para purificar todo o seu jeito de ver as coisas e daí você ganha uma concepção totalmente nova de como as coisas são."

Lane terminara de comer. Quando Franny fez nova pausa em seu discurso, ele recostou-se na cadeira, acendeu um cigarro e olhou para o rosto dela. Ela ainda estava olhando para a frente, com o olhar absorto, perdido em algum ponto por trás dele, e mal parecia perceber que ele estava ali.

"Mas o negócio, o negócio mais maravilhoso, é que, quando você começa a praticar, não precisa nem ter fé no que está fazendo. Quero dizer, mesmo que você fique horrivelmente envergonhado com tudo isso, não tem problema nenhum. Quero dizer, você não está *insultando* ninguém ou coisa parecida. Em outras palavras, ninguém pede que você acredite em nada quando você começa. O stárets disse que você não precisa nem pensar no que está dizendo. No começo, tudo o que importa é a quantidade. Depois, mais tarde, ela por si mesma se torna qualidade. Pelo seu próprio poder, ou coisa parecida. Ele diz que qualquer nome de Deus — qualquer nome, qualquer um, mesmo — tem esse poder peculiar, esse poder de ação própria, que começa a funcionar depois que você dá a ignição."

—Da explicação que Franny Glass dá de *O Caminho de um Peregrino* ao seu namorado no romance *Franny e Zooey*, de J. D. Salinger.

cabana. Carregavam um homem tão coberto de sangue que não se podia ver-lhe o rosto, o que me deixou com mais medo ainda. Era um mensageiro especial do imperador, que havia parado ali para trocar de cavalos. O cocheiro calculara mal a curva da entrada, a carruagem derrubara a janela e, como havia uma valeta em frente à casa, o veículo tombou. O mensageiro fora atirado para fora da carruagem e dera com a cabeça numa estaca que ajudava a segurar o monte de terra que servia de varanda. Exigiu um pouco de água e vinho para lavar a ferida e, depois de banhá-la com vinho, bebeu ele mesmo um bom copo. Então gritou: "Os cavalos! Peguem os cavalos!"

Aproximei-me dele e disse: "Senhor, como podes viajar no estado em que te encontras?"

"Um mensageiro do imperador não tem tempo de ficar doente", respondeu; e saiu a galope. Os cocheiros arrastaram a camponesa inconsciente até perto do fogão, no canto da sala, e cobriram-na com um cobertor de lã.

"O medo a deixou em estado de choque. Logo passará", disse o encarregado dos correios. Tomou então mais uma bebida para curar a ressaca e voltou para a cama, deixando-me sozinho.

Logo a camponesa despertou e começou a andar de um lado para o outro da sala, até que, finalmente, saiu da cabana. Fiz as minhas orações e percebi o quanto estava exausto, mas ainda consegui dormir um pouco antes do amanhecer.

De manhã, despedi-me do funcionário dos correios e parti. Enquanto caminhava, ofereci uma oração de fé, esperança e gratidão ao Pai de todas as bênçãos e consolações, que me conservara a salvo em meio a tamanha calamidade.

Seis anos depois desse incidente, passei por um mosteiro feminino e parei na igreja para rezar. A abadessa era extremamente hospitaleira com os peregrinos e, depois da Liturgia, convidou-me a entrar e pediu que me trouxessem chá. Chegaram então algumas visitas inesperadas e a abadessa foi cumprimentá-las, deixando-me sozinho com suas freiras. Aquela que me servia chá pareceu-me uma mulher verdadeiramente humilde; por isso, não resisti à vontade de perguntar-lhe: "Madre, já faz tempo que estás neste mosteiro?"

134   O Caminho de um Peregrino

São Nicodemos do Monte Atos, compilador da Filocalia

28 Tonsura: o rito de tornar-se monge ou freira, no qual mechas de cabelo são cortadas para significar o começo de uma nova vida.

29 O incidente a que o mestre espiritual se refere encontra-se no livro de Tobias (que foi excluído das Bíblias protestantes). Tobias, israelita que vive no cativeiro em Nínive, envia seu filho, também chamado Tobias, com a missão de receber um dinheiro que o pai depositara na cidade dos Medos. Durante toda a sua viagem, cheia de tribulações e aventuras, Tobias filho é acompanhado pelo arcanjo Rafael, disfarçado sob a forma de um homem, que o protege ao longo do caminho.

"Cinco anos", respondeu. "Eu estava louca quando me trouxeram aqui. Mas Deus foi misericordioso comigo e a madre abadessa me deixou ficar e receber a tonsura."[28]

"O que te levou a perder o uso da razão?", perguntei.

"Fiquei em estado de choque por causa de um acontecimento terrível que sucedeu quando eu trabalhava num posto dos correios. Era de noite, e eu estava dormindo quando uns cavalos derrubaram uma das janelas da casa e enlouqueci de pavor. Por um ano inteiro, meus familiares levaram-me de santuário em santuário, mas foi só aqui que fui curada."

Quando ouvi isto, minha alma regozijou-se e glorificou a Deus, que com tanta sabedoria ordena todas as coisas para o bem.

Quando terminei o relato de minhas histórias, disse a meu pai espiritual: "Por Deus, perdoa-me — falei demais! Dizem os Santos Padres que até mesmo os colóquios espirituais são vanglória quando não se lhes põem limites. Chegou a hora de ir e juntar-me ao meu companheiro para a viagem a Jerusalém. Ora por mim, miserável pecador, para que Deus, em sua infinita misericórdia, me conceda uma boa viagem."

"Caríssimo irmão em Cristo, de toda a minha alma desejo que a Graça de Deus, superabundante de amor, abençoe o teu caminho e te acompanhe na tua jornada, como o anjo Rafael com Tobias!"[29]

Glossário ▣

Acatista: Uma antiga forma de hinologia ortodoxa, dirigida ao Cristo, à Virgem ou a determinados santos. Os acatistas são compostos em quatorze partes e geralmente são hinos de louvor.

Altar: A parte da igreja onde ficam os clérigos e onde se celebra a maioria das partes solenes da Divina Liturgia.

Ascese: A prática da abnegação e do autocontrole como meio de realização espiritual.

Asceta: Aquele que pratica a ascese.

Batushka (russo): "Paizinho". Termo afetuoso usado quando a pessoa se dirige a um homem mais velho e respeitado, especialmente um sacerdote.

Cânone: Uma antiga forma de hinologia ortodoxa, geralmente composta de oito odes. *Ver também* Acatista.

Chotki (russo; grego: *komvoskoini*): Um rosário ou cordão de oração ortodoxo, usado para contar orações, especialmente a oração de Jesus.

Divina Liturgia: A Divina Liturgia de São João Crisóstomo. É a forma de adoração eucarística usada na Igreja Ortodoxa em todos os domingos e festas, com pouquíssimas exceções.

Eslavônio: A língua litúrgica da Igreja Ortodoxa Russa e de todas as demais igrejas ortodoxas nos países eslavos. Foi formalizada, junto com o alfabeto cirílico, pelos santos missionários bizantinos Cirilo e Metódio, no século IX, e é usada nas igrejas da Rússia ainda hoje.

Eucaristia: Da palavra grega que significa "ação de graças". É o principal rito cristão de adoração, no qual se comemora a última ceia de Jesus com seus apóstolos e durante o qual os fiéis recebem a comunhão: pão e vinho, que representam misticamente o corpo e o sangue de Cristo. O rito inclui ainda leituras da Bíblia e o canto de hinos.

138 O Caminho de um Peregrino

Filocalia (grego: "Amor da Beleza"): A grande antologia dos escritos ortodoxos sobre a oração, que abrange em seus textos um período de onze séculos. Em russo, é chamada de *Dobrotolubiye* ("Amor do Bem").

Hesicasmo: A tradição mística de oração da Igreja Ortodoxa, baseada na prática da oração de Jesus.

Hesicasta: Aquele que pratica o hesicasmo.

Ícone: Uma imagem sagrada, geralmente pintada em madeira, como as que adornam as igrejas ortodoxas. Encontram-se ícones na maioria das casas dos cristãos ortodoxos piedosos, geralmente num canto especial, o "canto dos ícones".

Iconóstase: A tela coberta de ícones que separa o altar da nave nas igrejas ortodoxas.

Igreja Ortodoxa: Termo genérico que designa as Igrejas da Grécia, do Mediterrâneo e da Europa Oriental que romperam com a Igreja Católica Romana no século XI, e cuja espiritualidade é caracterizada pelo hesicasmo. O Cristianismo Ortodoxo é a religião dominante na Grécia, em Chipre, na Rússia, na Ucrânia, na Romênia, na Bulgária e em vastas regiões da Iugoslávia, e é um dos ramos cristãos com mais forte presença na Albânia, na Síria, no Líbano e em todo o Oriente Médio. Existem comunidades ortodoxas minoritárias mas significativas na Polônia, na República Tcheca e na Finlândia, bem como na Europa Ocidental e nas Américas do Norte e do Sul. A Igreja Ortodoxa também é chamada de Igreja do Oriente e inclui as Igrejas conhecidas nos Estados Unidos como Ortodoxa Grega, Ortodoxa Russa e Ortodoxa de Antioquia.

Lavra: Termo usado antigamente para designar um mosteiro; tornou-se um título atribuído a certos mosteiros grandes da Rússia. Na época do Peregrino, havia na Rússia nove mosteiros que levavam o título de *Lavra*, entre os quais a Lavra das Cavernas de Kiev.

Matinas: O ofício da manhã dentro do ciclo diário de doze ofícios rezados nos mosteiros. É celebrado também nas igrejas paroquiais comuns.

Matushka (russo): "Mãezinha". Termo usado especialmente quando se fala com a esposa de um sacerdote, mas também usado para dirigir-se com afeto a qualquer mulher respeitada.

Menaion: O conjunto de livros litúrgicos que contêm os elementos diários dos ritos litúrgicos ortodoxos para o ano inteiro.

Glossário 139

Monge ou freira do esquema (russo: *skhmnik* ou *skhimnitsa*): Um monge ou uma freira que fez os votos monásticos perpétuos.

Nártex: O vestíbulo de entrada das igrejas.

Nave: A parte maior da igreja, onde fica a congregação.

Prostração (russo: *poklon*): Um gesto ritual de reverência em que o adorador se ajoelha e encosta a fronte no chão.

Sketa: Uma pequena instituição monástica, que geralmente depende de um mosteiro maior. Cela.

Stárets (russo; plural: stártsi): Um ancião ou mestre espiritual, geralmente monge, que os cristãos ortodoxos podem tomar como diretor espiritual.

Theotokos (grego; russo: *Bogoroditsa*): "Deípara" (a que porta Deus em seu seio). Título da Virgem Maria, muito popular entre os ortodoxos, atribuído a ela no Terceiro Concílio Ecumênico da Igreja, em 431.

Velhos Crentes: Nome comum da seita russa que se separou da Igreja Ortodoxa no século XVII, em virtude de divergências sobre uma reforma litúrgica.

Vésperas: O ofício da tarde do ciclo litúrgico monástico. Também é celebrado fora dos mosteiros, nas igrejas paroquiais comuns.

Sugestões de Leitura

Brianchaninov, Ignatius. *On the Prayer of Jesus*. Tradução para o inglês do Padre Lazarus. Londres: J. M. Watkins, 1965. Um dos melhores livros existentes em inglês sobre a prática da oração de Jesus. Este livrinho do bispo Brianchaninov, escrito no século XIX, proporciona conselhos inspiradores e de útil aplicação prática. Infelizmente, está fora de catálogo, mas pode e deve ser procurado e encontrado em bibliotecas e lojas de livros usados.

Chariton, Igumen, org. *The Art of Prayer: An Orthodox Anthology*. Tradução de E. Kadloubovsky e E. M. Palmer. Londres: Faber & Faber, 1997. Um clássico da espiritualidade russa. Traz vários textos sobre a oração de Teófano, o Recluso (ver p. 32) e outros textos de escritores religiosos russos e gregos.

Kadloubovsky, E., e G. E. H. Palmer, trad. *Writings from the Philokalia on the Prayer of the Heart*. Londres: Faber & Faber, 1992. Publicada pela primeira vez na década de 1950, esta antologia — traduzida para o inglês a partir da tradução russa do bispo Teófano, o Recluso — pode ser chamada de "a *Filocalia* portátil", uma vez que contém todos os textos mais essenciais e acessíveis sobre a oração do coração, na ordem exata em que o stárets do Peregrino recomenda que sejam lidos e estudados.

Kovalevsky, Pierre. *Saint Sergius and Russian Spirituality*. Crestwood, N.Y.: St. Vladimir's Seminary Press, 1976. Conhecido estudo escrito e ilustrado sobre a espiritualidade russa. Começa com a biografia de São Sérgio de Radonezh, fundador do famoso Mosteiro da Santíssima Trindade em Zagorsk, perto de Moscou. Trata-se de uma boa apresentação da espiritualidade que se pode encontrar em *O Caminho de um Peregrino*.

Meyendorff, John. *St. Gregory Palamas and Orthodox Spirituality*. Crestwood, N.Y.: St. Vladimir's Seminary Press, 1959. Um estudo ilustrado, muito popular, sobre o hesicasmo na espiritualidade ortodoxa e o papel

142 O Caminho de um Peregrino

de São Gregório Palamas, que no século XIV defendeu o hesicasmo e elaborou-lhe a justificativa teológica.

Monk of the Eastern Church, A. *The Jesus Prayer*. Crestwood, N.Y.: St. Vladimir's Seminary Press, 1997.

Rose, Father Seraphim, trad. *The Northern Thebaid: Monastic Saints of the Russian North*. Platina, Califórnia: St. Herman of Alaska Brotherhood, 1995. Com suas encantadoras ilustrações de época e seu texto tirado das bibliografias populares dos santos russos, este livro nos dá uma idéia muito boa de como era a piedade russa na época em que o Peregrino escreveu.

Smith, T. Allan, trad. *The Pilgrim's Tale*. Organização e introdução de Aleksei Pentkovsky. Mahwah, N.J.: Paulist Press, 1999. Esta mais recente tradução de *O Caminho de um Peregrino* traz uma fascinante introdução à história do texto.

Stinissen, Winifred. *Praying the Name of Jesus: The Ancient Wisdom of the Jesus Prayer*. Ligouri, Montana: Liguori Publications, 1999.

Ware, Bishop Kallistos. *The Orthodox Way*. Crestwood, N.Y.: St. Vladimir's Seminary Press, 1995. Uma famosa apresentação da espiritualidade ortodoxa, que examina os diversos meios pelos quais se pode chegar a Deus — por meio do mistério, da oração, etc. — com um bom número de citações inspiradoras.

Ware, Timothy. *The Orthodox Church*. Nova York; Penguin USA, 1993. A melhor introdução à fé, à história, à teologia e às práticas da Igreja Ortodoxa. Altamente recomendável para quem quer saber mais sobre a ortodoxia em geral.

Zaleski, Irma. *Living the Jesus Prayer*. Nova York: Continuum, 1998. Uma introdução curta e simples.